인천의 산업과 노동

인천학술총서 1

인천의 산업과 노동

초판 1쇄 발행   2023년 12월 31일

기획·엮음 ㅣ 한국역사연구회 · 인천문화재단
펴 낸 이 ㅣ 윤관백
펴 낸 곳 ㅣ 한국역사연구회 · 인천문화재단 · 선인

등   록 ㅣ 제5-77호(1998.11.4)
주   소 ㅣ 서울시 양천구 남부순환로 48길 1, 1층
전   화 ㅣ 02) 718-6252 / 6257
팩   스 ㅣ 02) 718-6253
E-mail ㅣ suninbook@naver.com

정가   15,000원

ISBN   979-11-6068-858-0   93910

인천학술총서 1

인천의 산업과 노동

한국역사연구회 · 인천문화재단

❙ 발 간 사 ❙

 한국역사연구회와 인천문화재단은 2018년부터 경기·인천 지역의 역사 나아가 한국 역사 전체를 조망하기 위해 공동 학술대회를 개최하였습니다. 그 성과를 바탕으로 2018년 『고려왕조와 경기를 보는 시선』, 2019년 『3.1운동과 경기·인천지역』, 2020년 『우리 역사 속의 디아스포라와 경계인』, 2021년 『한국의 교통물류 중심지, 경기·인천』 제하의 책을 발간해 왔습니다. 올해 2023년에는 4월 학술회의를 개최하였고, 그 성과를 『인천의 산업과 노동』으로 출간하게 되었습니다.

 2018년부터 2021년까지 함께 해 왔던 경기문화재단이 빠지게 되었지만, 한국역사연구회와 인천문화재단은 지금까지 해 왔던 인천 지역에 대한 연구가 역사연구에도 중요하지만, 동시에 인천에 거주하는 시민들의 문화적 재산이며, 그 지정학적 위치로 인해 한국의 발전과정을 이해하는 데 중요하다는 의견을 공유하면서 공동학술회의를 지속하게 되었습니다. 2022년에는 책을 출간하지 못했지만, 2023년부터 다시 연구 성과를 책으로 발간하기로 합의하면서 소중한 지적 재산을 쌓아나갈 수 있게 되었습니다.

 인천은 한국 근대사의 관문이었습니다. 일본의 요꼬하마, 중국의 텐진과 함께 동아시아의 개항을 상징하는 장소였습니다. 다양한 외국인들이 거주하는 지역이었으며, 그로 인해 상업활동이 활발한 지역이었습니다. 외국인들의 거주가 늘어나면서 외국의 영사관이 설치되었습니다. 이로 인해 인천 지역의 산업도 발전할 수 있었습니다. 개항 이후 한국의 근대 경제사를 한눈에 볼 수 있는 지역이었던 것입니다.

이 책은 5개의 주제로 구성되어 있습니다. 인천 지역의 성격을 반영하여 19세기 후반 외국인 거주자들의 신분 규정, 일제강점 초기 상인들의 동향, 태평양 전쟁 시기 강제동원의 양상, 1960년대 정유산업의 발전, 그리고 1970년대 산업선교 활동을 통해 본 노동자들의 일상과 항거가 그 내용입니다. 각각의 글들이 서로 다른 시기, 서로 다른 주제이지만, 근현대 인천의 산업구조와 노동자들의 삶을 살펴봄으로써 1876년 개항 이후 150여 년간 지속되어 온 인천의 변화를 짚어볼 수 있을 것입니다.

이 책만으로 인천 지역 근현대의 모습을 모두 담을 수는 없지만, 각 글 속에는 시기에 따라 중앙 정부의 정책 변화에 따라 변화해 나간 인천의 모습이 잘 드러납니다. 개항 이후 외국인 조차지, 일제강점기 상업자본의 발전과 총력전 동원을 위한 대상, 그리고 분단과 한국전쟁 시기 치열했던 전쟁터에서 경제성장 시기 정유를 비롯한 다양한 산업단지로 진화해 왔던 인천의 모습이 시기적 특징을 담고 있다고 생각합니다.

먼저 해마다 많은 관심을 갖고 학술대회를 함께 기획하고 지원해 주신 인천문화재단 인천문화유산센터에 깊은 감사를 드립니다. 또한 학술대회를 기획하고 실무를 총괄해 주신 한국역사연구회의 김보영 연구위원장님과 김성훈 연구간사님, 그리고 토론을 맡아주신 정경민, 박우현, 류창호, 정대훈, 임송자 선생님께 감사의 말씀을 드립니다. 발표와 집필을 맡아주신 선생님들께는 책 출간에 대해 축하의 말씀을 드립니다. 끝으로 정성스럽게 책을 만들어 주신 편집자 여러분께도 고마운 마음을 전합니다.

 앞으로도 한국역사연구회와 인천문화재단은 인천 지역뿐만 아니라 한국사회 곳곳의 역사를 복원하고 규명하기 위해 학술활동과 발간사업을 지속해 나갈 것을 약속드립니다. 감사합니다.

2023년 12월

한국역사연구회 회장 박태균
인천문화재단 대표이사 이종구

▌차 례 ▐

1882~1883년 인천을 통한 청인의 입경과 주류 사례로 본 조선 내 외국인 신분 규정

· · ·

하 상 진

서울대학교

1882~1883년 인천을 통한 청인의 입경과 주류 사례로 본 조선 내 외국인 신분 규정

머리말

19세기 중엽 서구 자본주의 열강이 동아시아 지역으로 밀어닥치면서 열강은 역내 여러 나라에 통상과 개방을 요구하기 시작했다. 청과 도쿠가와 일본의 경우는 서구 국가와 차례차례로 조약을 체결하였다. 중국과 일본은 열강과 정부 간 협상을 거쳐 조약과 협정문을 만들었다. 그 결과 조약이 체결되었다. 청과 일본은 합의한 내용을 근거로 외국인들에게 여러 가지 권한을 허용해 주었다. 통행권과 자국 내 주류(駐留)의 권리는 그들이 외국인에게 부여한 대표적인 권한이었으며 외국인의 통행과 주류는 핵심적 변화상이었다.

1842년부터 1880년대까지 서구 국가와 맺은 조약과 협정의 내용은 대체로 동아시아 국가에 불리한 '불평등조약'이었다. 외국인들에게 통행과 주류를 허가해 주었지만, 그들을 무턱대고 수용하는 것은 현지의 질서를 깨뜨리는 것이었다. 이런 상황을 피하기 위한 새로운 규칙이 필요했다. 이른바 세계 자본주의 체제에 의한 서세동점(西勢東漸)

의 상황 속에서 동아시아 지역 내 산업과 질서를 유지하려는 조치가
행해졌다. 당시 사람들이 역내 질서 유지를 목표로 새로운 규칙을 만
들었다는 사실은 후대 연구자들에 의해 충분히 고려되지 않았다.

조선이 그들보다 늦게 개항한 것은 주지의 사실이다. 개방 압력의
주체도 후발 자본주의 국가인 메이지 일본이었다. 한국사 서술에서는
개항의 시기, 압박 주체의 차이로 인하여 한국은 중국, 일본과 역사적
발전 경로가 달랐다는 이해가 통상적이다.[1] 조선이 청과 맺었던 사대
관계 역시 개항을 통한 근대화 과정에 지대한 영향을 미치면서 개항
은 상당히 복잡하게 진행되었다.[2] 청의 영향과 영향력에 대한 역사적
함의는 '외압'이었다는 것이다. 즉 청 조정의 조선 정부의 정치적 결정
에 대한 지나친 간섭과 관여였다.[3] 결국 이는 조선 근대화 과정에 장

1 김기혁, 2007『근대 한·중·일 관계사』, 연세대학교출판부, 61쪽, 206~207쪽 ; 최덕
   수 외, 2010『조약으로 본 한국 근대사』, 열린책들, 21~25쪽
2 미타니 히로시 외, 강진아 역, 2011『다시 보는 동아시아 근대사』, 까치, 24쪽
3 미국인 중국사 연구자 페어뱅크(1907~1991)의 연구 때부터 중국적 세계질서의 특
   수성을 중시하는 견해가 이어져 왔다. '중화제국'과 '속국'의 외교 질서와 관계에
   대한 해석은 시사하는 바가 크다. 청조의 입관(入關) 이후부터 1882년 임오군변 이
   전까지 이백여 년간 양국 관계는 의례적이었다. 종주국이 조선 정부의 내·외정에
   간섭하거나 개입한 적이 없었다. 조청관계사의 통상적인 해석이다(John K. Fairbank,
   1968 The Chinese World Order: Traditional China's Foreign Relations, Harvard University
   Press ; 김기혁, 2007 앞의 책, 149쪽). 한국사와 중국사 연구자들은 유구한 전통에
   '근대적' 분기점이 찾아온 시기를 1882년이라고 정리한다(구선희, 1998「개화기 조
   선의 초기개화정책 형성과 청의 영향」『사학연구』55·56, 626~627쪽 ; 1999『한국
   근대 대청정책사 연구』, 혜안, 11~12쪽 ; 권혁수, 2000『19세기말 한중관계사연구:
   이홍장의 조선인식과 정책을 중심으로』, 백산자료원, 91쪽 ; Kirk W. Larsen, 2008
   Tradition, Treaties, and Trade: Qing Imperialism and Chosŏn Korea, 1850-1910, Harvard
   University Press, p. 72). 태평천국의 난을 진압하고 청조의 주요 정책 결정권자로
   부상한 직예총독(直隸總督)이자 북양대신(北洋大臣) 이홍장(李鴻章, 1823~1901)은
   서구 자본주의 국가와 조선 사이 입약통상(立約通商)을 준비했고, 임오군변을 수
   습하고 국왕 고종의 친정체제를 복구하기 위해 파병을 결정했다(송병기, 1987『근
   대한중관계사연구』, 단대출판부, 12쪽 ; 권혁수, 2000 앞의 책, 49~50쪽, 93~95쪽).
   1882년 조청상민수륙무역장정 등을 근거로 조선 조정은 청국인 관료와 상민의 조
   선 통행과 주류를 본격적으로 허용했다는 점에서 전례를 찾아보기 힘든 변화를

애물이었다고 인식되었다.

이런 역사상을 전제로 1880년대 초반부터 조선의 개항과 개항을 통해 들어온 외국인의 존재는 '제국'과 '식민'의 문제로 여겨졌다. 제국과 식민, 개항을 통해서 외국인들이 조선에 유입되면서 이식된 근대 자본주의라는 문제의식[4] 차원에서 1880년대 조선에 입국한 청국인 또는 청인[5]의 존재 양상에 관한 연구가 상당히 진행되었다. 이런 문제의식을 선취한 이옥련, 김희신의 연구 등이 있다.[6] 청인들은 조선과 청 사

만들었다. 선행 연구는 한국의 '자주적 근대화'의 좌절 또는 청조의 '양면성'과 '비공식제국(주의)'의 실천이라고 정의했다.

[4] 손정목, 1975 「병자개국과 도시의 변화 상」 『도시문제』 10(5), 67~68쪽 ; 1984 『도시변화과정연구』, 일지사, 457~458쪽. 1882년 이후 조청관계 변화상을 청조의 입장에서 보자면 영국과 유사한 '비공식제국(주의)'의 실천이었다. 청말 양무운동을 통한 성과는 기실 제국주의에 저항하면서 곧 제국주의의 방식을 모방하는 과정이었다. 조청관계의 경우는 이 과정에서 전통외교와 근대외교가 중첩하는 중간지대를 모색했다(Kirk W. Larsen, 2008 앞의 책, 12쪽 ; 정동연, 2020 『청의 주한공관과 한청 근대 외교』, 서울대학교 사회교육과 역사전공 박사학위논문, 6쪽, 229쪽).

[5] 이 글은 조선인 또는 조선 정부의 인정을 받고 인천을 통해 조선에 들어 온 중국인에 대한 연구다. 그렇지만 이들을 아직 '중국인' 또는 '화교'라고 쓰지 않았다. 다음 두 가지 이유 때문이다. 아직 1882년 「조청상민수륙무역장정」이 체결 완료되기 전의 시점부터 분석하고 있기 때문이다. 1882년 제정된 「조청상민수륙무역장정」에 따르면, 「장정」의 제2조에서는 "중국인민(中國人民)"과 "상민(商民)", 그리고 그들과 '평행상대(平行相待)'하는 "조선인민(朝鮮人民)"에 대한 규정임을 명시하고 있다. 하지만 인천을 통한 청인 조선 입경의 시발점은 「장정」 초안의 내용을 두고 협의하고 있던 와중이었다. 또 시점은 아직 통행에 대한 증빙서류인 문빙(文憑)의 부류라고 할 수 있는 집조(執照), 호조(護照)와 같은 개념도 활발하게 쓰이기 이전이다. 다시 말하면 조선 국내를 통행, 체류할 수 있는 외국 국적의 사람이라는 신분 규정이 만들어지고 있는 시점이지 완전히 정착한 것은 아니었다. 또한 이들을 외국에 거주하는 중국 국적자를 의미하는 '화교'라고 칭하는 것도 애매하다. 이 글에 앞서 문제의식을 선취한 연구들은 주로 1880년대 초반보다는 후반에, 또는 1890년대 이후까지를 다루었다. 때문에 '화교'와 '조직', '사회'를 연구할 수 있었다. 반면 1884년까지 인천을 통해 조선에 들어온 청인의 숫자는 235명 정도로 아직 그들만의 집단성이나 공동체성을 확보했다고 보기 어렵다. 집조와 호조의 중국어 어원을 탐구한 선행연구로는 민회수, 2016 「개항기 사증으로서의 '호조' 제도의 도입과 운영」 『역사학보』 229 참조.

[6] 김영신, 2003 「개항기(1883-1910) 인천항의 대외교역과 화교의 역할」 『인천학연구』 2 ; 2021 「개항기 초상국의 한국항로 개척과 한중 해상운송망」 『지역과 역사』 48 ; 이

이 불평등한 종속 관계와 맞물려 활동하면서 조선에 제국의 일원으로
정착했다.7 청의 간섭과 간여가 시작된 바로 그 시점부터 국내에서 활
동을 시작했다.

　재조선 청인은 본국의 정치적, 군사적 우위를 활용하거나 청이 '속
국'인 조선을 근대적 외교 대상으로 재편, 재인식하는 과정에서 수혜
를 입은 특수한 위치에 있었다. 청인은 본국에서 파견된 관원들의 보
호를 받으며 군역상인으로 지위를 누리거나8 황해(黃海)·한강(漢江)
이란 물길을 통해 쉽게 들어올 수 있다는 장점을 활용하여 서울 도성
과 인접한 용산(龍山) 지역에서 무역업과 운송업[行棧]에 참여할 수 있
었다.9 또 도성과 가까운 인천항의 발전에 공력을 기울였는데 정기선
의 운항과 경영을 통해 상품의 경쟁력도 갖추고자 하였다.10 본래 조
선 조정은 도성과 가까운 경기지역이란 이유를 들어 조일수호조규에
서 약속한 인천의 개항 시일을 차일피일 연기하는 중이었다.

　선행 연구가 청인의 다양한 국내 활동 양상과 이익집단의 형성이란
부문에서 이룬 성취가 분명하다. 하지만 1882년부터 1883년까지 청인
의 조선 내 신분과 그들의 법적 지위가 발생한 과정에 관해서는 보다

옥련, 2005『근대 한국 화교사회의 형성과 전개』, 인하대학교 사학과 박사학위논
문 ; 2008『인천 화교 사회의 형성과 전개』, 인천문화재단 ; Kirk W. Larsen, 2008 앞
의 책 ; 石川亮太, 2009「19世紀末の朝鮮をめぐる中國人商業ネットワーク」『帝國
とアジア·ネットワーク』, 世界思想社 ; 김희신, 2010a「청말(1882-1894년) 한성화
상조직과 그 위상」『중국근현대사연구』46 ; 2010b「주조선사관의 화교 실태조사
와 관리」『명청사연구』34 ; 2010c「한성 개설행잔 조항 개정' 교섭과 중국의 대응」
『동양사학연구』113 ; 2012「청말 주한성 상무공서와 화상조직」『동북아역사논총』
35 ; 李正熙, 2012『朝鮮華僑と近代アジア』, 京都大學學術出版會
7　石川亮太, 2009 앞의 글, 166~167쪽 ; 김영신, 2003 앞의 글, 6~7쪽
8　이옥련, 2008 앞의 책, 45~46쪽
9　김희신, 2010c 앞의 글, 207쪽
10　이옥련, 2008 앞의 책, 54~55쪽 ; 李正熙, 2012 앞의 책, 4쪽 그리고 17~21쪽 ; 김영
신, 2021 앞의 글, 287쪽 ; 황은수, 2010「개항기 한중일 정기 해운망과 조선상인의
활동」『역사와 현실』75, 208쪽

구체적 자료에 근거해 추가로 연구할 수 있다. 조선 정부 역시 협상을 통해 입경 외국인에게 새 권한을 부여했다. 외국인은 체제와 질서를 유지하거나 조선 경제 발전에 필요한 자였다. 그들이 임무를 수행하기 위해 권한을 주는 절차도 밟아야 했다.[11] 인정 과정은 종래 파사제도(派使制度)에서 근거를 두었다. 최종적으로 청인의 조선 내 신분은 조선 국왕의 권능을 통해 승인되었다.

전술한 문제의식을 바탕으로 이 글은 인천의 지역성과 국제성, 지역의 산업과 노동시장 발달의 초기 단계를 탐구한다. 본고 1장을 통해서 필자는 칙사와 그 칙사를 수행한 상무위원 자격의 청인과 외국인의 존재를 확인했다. 그들이 인천부사를 통해 도성 통행권을 얻어가려고 했다는 사실을 밝혔다. 그들은 인천부사의 허가를 받아 인천에서 주류할 수 있었다. 칙사의 자격으로 바다를 건너와서 입경과 주류에 성공한 사례였다. 2장에서는 「조청상민수륙무역장정」(1882) 및 「파원판리조선상무장정(派員辦理朝鮮商務章程)」(1883)을 제정하기 위한 논의와 협상이 지속되었고 '평행상대'의 명문화가 이뤄지는 과정을 설명한다. 국내 외국인 신분 규정의 한 가지 법률적 조건을 형성한 사건이었다.[12] 종래 동아시아의 전통적 지배자였던 청조 황제와 함께 조선 국왕의 주권자 역할과 권한이 국내 외국인의 통행과 주류를 결정하는 데에도 적용되었다.

---

11 이러한 절차를 통해 지금의 '사증(査證, visa)'과 같은 역할을 하는 문서형식이 제도화되었다. 다만 제도화 이후에도 명칭이 혼용되었기 때문에 문서형식의 이름을 통일하려는 법률적 시도를 행한 것은 1892년 5월이었다(민회수, 2016 앞의 글, 129쪽).
12 최덕수 외, 2010 앞의 책, 117쪽 ; '평행상대'라고 하는 원칙에 근거하여 톈진[天津]으로 파견이 결정된 주진대원(駐津大員) 논의에 대해서는 한철호, 2007 「한국 근대 주진대원의 파견과 운영(1883~1894)」『동학연구』 23, 53쪽

1. 명문화 이전 인천을 통한 청인의 입경과 주류 사실

1) 조청 간 인천의 중요성 논의와 개항의 결정

병자년(1876) 조선은 「조일수호조규」를 맺어 일본과 국교를 재개했다. 근대 역사학의 성립 이후 한국사 서술에서 이 사건은 '강화도조약'으로 주로 불리면서 한국 근대사 시기 구분의 출발점으로 인식되었다. 일본 정부는 동아시아 여러 나라를 상대로 서구 열강이 벌인 포함외교(砲艦外交)라는 방식을 빌렸다. 조선 정부는 일본 정부가 의도한 대로 종래의 '쇄국' 방침을 철회하고 결과적으로 '개국' 또는 개항하게 되었다. 한국 근대사 시기 구분과 해석에서부터 조선 정부의 위치는 수동적인 것으로 파악된다. 동아시아에서 가장 뒤늦은 조선 개항 사실이 결국 조선을 식민지로 떨어지는 역사적 발전 경로로 안내했다는 인식은 전통과 근대의 전형적 양분법이자 전통과 근대가 중첩된 당대의 맥락을 충분히 고려하지 않는[13] 역사 인식이다.

조약 체결 이후 조선 정부는 일본과 협의를 통해 개방의 속도를 조절하고 질서 유지와 안정을 기도했다. 일본은 「조일수호조규」의 제4·5관(款)을 근거로 삼아 인천 개항을 요구했다. 이에 정부는 인천을 개항하는 일은 인천의 지정학적 특성상 서울 도성으로부터 가까우므로 외국인에 대해서 부정적인 국내 여론을 자극하게 되고 불안정을 초래한다는 점을 고려해서 일본의 제안을 거절하고 있었다.[14] 중앙 정부로서는 개항에 부정적인 견해를 가진 자국인들을 신중하게 관리해

---

13   한일관계연구소 편, 2017 『조일수호조규: 근대의 의미를 묻다』, 청아출판사, 6~7쪽, 293쪽

14   손정목, 1984 앞의 책, 125쪽

야 했다. 그들의 문제 제기를 거슬러서 여론이 더 나빠지지 않도록 인천에 대한 일본의 요구를 물릴 수밖에 없었다.

1879년 5월부터 일본 측의 개방 요청은 더욱더 분명해졌다. 일본 군함이 황해안의 측량을 거쳐 해도(海圖) 작성 작업을 마친 뒤였다.[15] 당시 일본 외무성이 하달한 입장도 "인천은 수로로 서울[京城]로 왕래하는 문호로" "이곳을 당분간 통상지(通商地)로" 정하지 않을 수 없다는 것이었다. 하나부사 요시모토[花房義質, 1842~1917] 개인의 소견 역시 이와 크게 다르지 않았다. 일본이 러시아와 청의 세력 확장을 방비하기 위해서는 조선의 정치적 중요성이 매우 크다는 것이었다.[16] 마침 당시의 인천은 조선 수군이 통제, 관할하고 있으면서 도항을 허락받은 어민과 수군 군속을 겸하고 있는 유지들이 중심이 되는 곳이었다.[17] 요컨대 조선은 해방(海防) 상태였던 것이다.

조선 정부의 해방에 대한 인식이 바뀐 것은 청 조정이 권유한 '연미론(聯美論)'이 수용, 논의되기 시작하면서부터였다.[18] '연미론'의 핵심 지론은 여러 서구 열강 중 첫 번째 교섭 대상으로 미국을 선택해야 한다는 것이었다. 그리고 양국은 미국과 교섭할 수 있는 장소로서 인천을 타진하기 시작했다. 이미 미군은 1871년 여름에 조선군과 벌였던 전투에서 접전 직후 부상당한 조선인 서른 한 명 중 열한 명을 치료한 뒤 조선으로 돌려보내려고 하는 등 인도적인 조치를 취한 적 있었다.[19]

---

15 강덕우, 2002 「인천개항과 관련된 몇 가지 문제」『인천학연구』1, 243쪽

16 김흥수, 2017 「하나부사(花房義質) 공사의 조선정책과 인천개항」『동국사학』63, 163~166쪽, 169쪽

17 임학성, 2016 「18~19세기 서해 도서주민의 거주 양태 백령도 거주 김해 김씨 일가의 고문서 자료 분석 사례」『한국학연구』41, 488~489쪽

18 이광린, 1982(중판)『한국개화사연구』, 일조각, 34~35쪽 ; 송병기, 1987 앞의 책, 128쪽, 131~132쪽

19 『淸季中日韓關係史料 第二卷』, #147, 185b쪽

이러한 미국의 태도가 조선 조정에게 나쁜 인상을 심어주지는 않았을 것이다.

다음 협상은 1881년 2월에 이뤄졌다. 조선 정부는 자국민만 해방을 해제하고자 하였다. 1881년 2월 18일(음력 1월 20일) 청에게 첫 번째 '단체 도항자의 신분을 증빙하는 서류[憑單]'를 발급해줄 것을 요청했다. 이들은 청 톈진으로 향하는 소위 '무비유학생(武備留學生)'들이었다.[20] 조선 국왕의 공식 요청을 받은 지 약 일주일 뒤 청 조정은 첫 번째 빙단을 발급해 주었다. 빙단의 개수는 사람 수대로 총 10장(張)이었다. 당시 발급된 빙단을 고치지 않고 그대로 원 문건을 베껴 적은 조록(照錄)에 따르면 빙단에 들어간 내용은 다음과 같이 해석된다.

> [이번 해에 해도(海道)로 들어올 예정인, 청조의] 군사적 사무를 [톈진으로] 와서 배우고자 하는 학도위원(學徒委員)들, 통역[通事]들, 하인[從人]들을 제외하고, 다른 사무를 가진, 다른 사람이라면 [이 빙단에] 따라서 사무를 처리할 수 있도록 허용하거나 지원을 해줄 수 없다. 또한 [학도위원, 통역, 하인들 역시] 사사로이 상품을 판매할 목적의 물건 또는 [그런 용도의] 일체 화물은 휴대할 수 없다. … 이에 조선국(朝鮮國)이 사람들을 톈진으로 보내는 것을 허가한다.[21]

학도위원, 통역, 하인 총 열 사람의 빙단의 효력은 그들이 톈진으로 입성하는 순간부터 상실되었다. 빙단 상의 신분은 조선 국왕이 학도위원 등이 조선국민이라는 사실을 보장하는 것이기 때문이었다. 국왕

---

20 구선희, 1998 앞의 글, 611~612쪽 ; 이들 유학의 목적은 청군의 근대적 군사기술과 지식을 배워서 조선의 군사력을 강화하기 위함이었다. 일종의 국비 장학생이었던 셈이다(권혁수, 2000 앞의 책, 64~66쪽).
21 『淸季中日韓關係史料 第二卷』, #352, 460a쪽

은 북양대신에게 조선 인천에서 출발, 황해를 건너는 동안 학도위원들의 신분을 보장해 달라고 요청하였다. 해당 문건이 그 사실을 증빙하는 서류다. 그들이 배에서 내려 톈진으로 들어간다면 인천에서부터 갖고 온 빙단의 효력은 상실되었다. 대신 구 빙단을 갖고 톈진의 지방관을 만난다면 지방관은 그들에게 중국 내 통행증을 사용할 수 있는 자격을 인정해 주는 절차를 밟고 새로운 호조(護照)를 지급할 터였다. 톈진은 중국 황제의 관할권이었기 때문이다.

배를 타고 인천에서 출발해서 톈진으로 도착한 이들은 이전까지 연행사절단(燕行使節團)이 육로로 한 달 넘게 걷거나 말을 타고 베이징[北京]에 입성했던 것과 비교한다면 훨씬 편하고 빠르게 이동할 수 있다는 사실을 깨달았다. 인천 항로는 조선인들에게 중국으로 들어갈 수 있는 가장 빠른 길을 제시해 주었다. 영선사(領選使)로 중국에 들어 온 김윤식(金允植, 1835~1922)은 무비유학생들의 인솔자 역할도 겸하게 되었다. 그가 역관인 이응준(李應浚, 1832~?)을 대동하고 다 함께 다음 해 2월 27일(음력 1882년 정월 초10일) 진해관도(津海關道) 주복(周馥, 1837~1921)을 만났을 때 양자 사이에는 조선 조정이 목도하고 있는 미국과의 통상조약 합의를 원활하게 마칠 수 있을지에 관한 논의가 있었다. 이때 주복은 인천에 중국 사람을 두어서 그가 조약의 완성을 돕거나 혹은 조약의 완성이 실패하지 않도록 돕게 하는 것이 필요하다고 말했다.[22] 인천을 둘러싼 조선의 해방은 자국인의 출국만이 아니라 외국인에 대해서도 입경의 제한을 푸는 일이 긴요해졌다.

---

22 『天津談草』(규장각한국학연구원, 古4206-17), 27b쪽

2) 1882년 봄 칙사-상무위원의 입경과 주류 활동

조선 정부는 1879년부터 지속되어 온 일본 정부의 인천 개항 요구를 수용하지 않고 있었다. 하지만 황해를 사이에 두고 마주하면서 오랜 세월 상호 간 파사제도를 운영하고 유지해 온 청국 조정과의 사정은 달랐다. 1881년 2월부터 서서히 자국민에 한해서는 인천을 통한 청국 톈진으로의 도항을 허용해 주고 있었다. 다음 해 2월에는 본격적으로 관원들을 인천에서 톈진으로 파견하였고, 미국 등 서구 열강과 통상을 준비하기 위한 목적으로 청 관원들과 직접 협상을 진행하게 했다.[23] 조선인 관원 김윤식, 통역 이응준과 대화한 주복의 관점을 돌이켜보면 그는 조청 종속관계의 예제(禮制)와 청조의 조선에 대한 종주권을 다르게 구분해서 인식하지 않고 있었다.[24] 다시 말하면 1882년 초에 조선 정부는 인천 개항의 필요성을 인식하였고 청조와 관계 속에서 자국민과 외국인의 황해 항로 사용을 기대하고 있었다.

인천 개항은 미국과 입약통상이라는 시무(時務)를 실행하기 위해서도 반드시 필요했다. 청 정부는 북양대신 이홍장을 통해서 톈진에서 조선과 미국의 입약통상을 위한 사전교섭을 매개하도록 주선하였고 인천에서 실제 조약을 체결하는 단계까지 이르는 과정을 알선하도록 하였다.[25] 미국과 최종 조약 체결 장소를 결정하면서 조선 조정은 인천항을 선택했다. 1882년 5월 7일(음력 1882년 3월 20일) 국왕은 외국인 관원들을 모두 인천부의 관사(官舍)에 머물도록 하는 것이 좋겠다고 윤허하였다.[26] 왜냐하면 당시 조선 정부와 청 정부의 인사가 모두 군

23 孫衛國, 2018「朝鮮朝使臣金允植與李鴻章: 以『天津談草』為中心」『東疆學刊』35(2), 61~62쪽
24 Kirk W. Larsen, 2008 앞의 책, 89쪽
25 권혁수, 2000 앞의 책, 66쪽

항(軍港)에서 정박한 선박 위에서 조약을 체결하는 것이 만국(萬國)이 조약을 앞두고 공동으로 행하는 예의라고 생각하고 있었기 때문이다.

인천에서 실제 조약을 체결할 시기가 다가왔음에도 불구하고 상업과 관세에 관한 조항 중 완성이 미처 이뤄지지 않은 부분들이 있었다. 손님을 초대하는 입장인 조선에서는 관원들 중 영어 또는 영문으로 미국인들과 소통할 수 있는 이가 없었다. 그러나 이미 미국인들은 조선인과 대화할 때에는 한문 소통이 수월하다는 사실을 알고 있었다. 조선인, 청인들의 입장도 마찬가지였다. 수신사(修信使)로 도쿄[東京]에 간 김홍집(金宏集, 1842~1806)과 일본에서 알게 되었던 재일 청국공사관의 의견도 진해관도 주복의 입장과 같았다. 유달리 조선에서 한문이 잘 통하니 중국인이 조미 양자 사이의 필요한 번역을 맡을 만하다는 것이었다.[27] 조선 정부는 청인의 외국어 능력을 활용해 조약 체결 직전 마지막 교섭에 나설 생각이었다.

1882년 5월 14일(음력 3월 27일)은 통역과 알선의 임무를 부여받은 마건충이 인천에 도착한 지 3일째 되는 날이었다. 마건충은 미국과 조선 간 소통을 하기 위해 분명히 필요한 외국인이었다. 청국 내에서 그의 직위는 산동 지역의 도대(道臺) 중 하나였다. 그러나 그는 조선의 통리기무아문(統理機務衙門)을 통해 국왕 전하가 청조 황제의 칙사에게 하사하는 선물을 접수했다.[28] 국왕이 선물을 하사한 것은 그가 미

---

26 『승정원일기』 2898책, 고종 19년 3월 20일(丙午) "李晚耆 以統理機務衙門言啓日 淸使美使住接館宇 更以仁川官舍 從便爲定之意 分付畿營‧伴接官‧伴接郎廳 今日內使之除下直下送于仁川地 何如 傳日 允"

27 『淸季中日韓關係史料 第二卷』, #336, 413쪽

28 『승정원일기』 2898책, 고종 19년 3월 27일(癸丑) ; 그러나 이들이 황제의 조칙(詔敕) 또는 유지(諭旨)를 들고 온 칙사 또는 국상(國喪)과 책봉의례(冊封儀禮)를 위해 찾아온 사신으로 명확하게 간주, 영접된 것은 아니었다. 조선후기 칙사 영접의 예의 다양한 종류에 관해서는 김성희, 2021 「조선시대 빈례 연구의 현황과 과제」 『사학연구』 144, 153~160쪽

국과 조선의 조약 체결 과정에서 반드시 필요한 외국인이라고 하는
사실에 대한 보답이었다. 그는 이제 마지막으로 조선의 전권대신과
미국의 전권을 매개해 함께 조항을 손보고 조약을 체결하는 과정에서
필요한 의전을 가르쳐 줄 수 있는 사무관 역할을 담당하게 되었다.

   칙사의 자격으로 '조선 정부를 위한' 영문 통번역과 의전 담당 사무
관 역할을 담당하게 된 마건충은 인천에서 자유롭게 통행, 주류할 수
있는 권한을 부여받았다. 우선 그는 조선 정부에게 의전에 관한 부분
을 가르쳤다.

> [조선에서의 사무를 모두 마친 뒤 충(忠)이 보고드립니다. (음력) 3월]
> 27일에 그들이 파견한 의약대관(議約大官) 신헌(申櫶)과 부관(副官)인
> 김홍집이 배에 올라와서 그들과 만났습니다. 이때 먼저 [인천부의] 포대
> [砲隊]가 포를 쏘아 우리의 위엄을 펴 보입니다. 다시 [그들과] 말을 전할
> 때에는 배신(陪臣) 누구누구가 국왕을 대신해서 삼궤구고두(三跪九叩
> 頭)의 예를 행하게 하였습니다. [그리고 그들에게] 황태후와 황상의 안부
> 를 삼가 묻도록 하였습니다. … [그들이 이렇게 하지 않는다면, 미국과
> 일본 두 나라의 선박이 멀지 않은 곳에서 쳐다보고 있으니 상국으로서
> 국가의 체면이 거리끼는 바가 있을까 매우 염려했습니다.]29

   관아(官衙)가 아닌 전혀 새로운 장소인 기선 위에서, 포를 쏘아올리
고 깃발을 걸어두고 양국의 전권대신이 서로 인사를 하고 조약문서를
교환하는 것은 동아시아의 전통적 맹약(盟約) 과정에서는 필요조건으
로 여겨지지 않았던 절차였다. 하지만 19세기 중엽 이후 청조는 서구
열강과 차례차례로 조약을 체결하면서 서구의 관습과 예전을 충분히

---

29 은몽하·우호 엮음, 김한규 역, 2012『사조선록 역주 5 청사의 조선 사행록』, 소명
   출판, 392쪽(원문은 馬建忠, 1967『東行三錄』, 廣文書局 참조)

배웠다. 청인들은 이를 서구 열강과 조약을 체결하는 데 있어 성의를
보일 수 있는 중요한 실천 방식이라고 생각했다.

　때문에 조선 정부의 전권대신인 신헌과 김홍집에게도 이런 예의를
갖추고 실천하라고 안내했다. 또한 파견 나온 청인 관원에게는 상국
(上國)의 관원이라고 하는 지위에 걸맞은 예절을 행하라고 요구했다.
마건충의 내면에서는 이러한 의전을 통해서 조선의 속국으로서의 지
위를 가시화하려고 하는 의도가 있었다.[30] 그 결과 조선인들은 만국공
법에 기초한 조약 체결 절차와 과정에 대한 상식을 배웠다. 동시에 청
조정의 매개, 주선, 알선을 통해서 전통적 종속관계를 반영하는 새로
운 관습을 만들어내는 데 이용되었다.

　조선인들은 이런 조약 체결의 절차와 예전을 인지하고 배울 수 있
었다. 조선 정부는 조미수호통상조약의 체결을 축하하기 위해서 모여
든 외국인들을 영접하였다. 오래도록 개항을 요구해왔던 일본의 공사
하나부사를 맞이하는 과정은 일전에 칙사들을 맞이해 오던 방식으로
접빈관(接賓官)의 예를 따르도록 했다.[31] 그러면서도 동시에 청인 마
건충에게서 배운 서구식 예전의 방식대로 인천부를 찾아온 미국인,
영국인, 일본인의 방문을 환영하기 위해 바다 방향으로 대포를 쏘면
서 그들을 환영했다. 다시 말하면 마건충은 칙사의 자격으로 바다를
건너와서 인천 입경과 주류에 성공한 사례였다.

30　岡本隆司, 2004 『屬國と自主のあいだ: 近代淸韓關係と東アジアの命運』, 名古屋大
　　學出版會, 41쪽
31　『비변사등록』 263책, 고종 19년 6월 30일 ; 『비변사등록』 263책, 고종 19년 7월 1일

2. 외국인 신분 규정 명문화 작업과 상무위원 진수당의 신분

1) 신분 규정 원칙과 명문화에 필요한 조건

마건충은 무려 한 달 남짓 조선 인천에서 주류하였다. 그는 칙사로서 인천에서 주류했다. 그리고 조선인들과 미국인들의 협상에서 서로 필요한 조문, 조항의 내용을 대조, 검토해주거나 전권대신, 주권자인 조선 국왕의 조약 체결에 대한 의지 등을 확인해줄 수 있는 증인의 역할을 담당하기도 했다. 마지막으로 그는 의전 책임자를 맡아보았다. 그의 지위는 황제의 사자, 북양대신에게 조선과 미국의 사이를 알선해주도록 업무를 위임받은 도대, 통상 수교의 성공을 기대하는 조선 국왕의 신임을 얻은 전관(全官) 사이쯤 어딘가 하나로 결론짓기 어려운 애매모호한 신분이었다. 하지만 그가 이미 인천으로 건너 온 이상 조선의 주권을 가진 국왕의 신임과 기대에 부응하는 일이 중요했다.

국왕의 하사품을 받고 삼일 뒤인 1882년 5월 17일(음력 4월 1일)에 마건충은 인천부사(仁川府使)와 필담을 나누었다. 필담은 양자가 통역을 끼지 않고도 대화를 나눌 수 있는 방법이었다. 인천부사와 필담을 나눌 시 아직 인천에는 모든 청국 측 위원들에 대한 승인이 도착하지 않은 상태였다.

> 부사가 말하길: [조약의 체결을] 도맡아 줄 위원들의 면면[에 대한 확인]은 대략 수일 안에 [조정에서부터] 나오지 않을까 [생각합니다.]

> 마건충이 말하길: [슈펠트 씨와의] 회의는 원래 영문이었습니다. 계속 제 스스로 [미국인들의 요구와 조선 측 협상 내용이] 타당한지 여부를 검토하고 있는 중입니다. 일단 직접 [우리 모두가] 대면하는 자리가 이

뤄겨야 비로소 [이번] 논의를 확정지을 수 있을 것입니다. 어제 배 위에
서는 아무 일이 없었습니다. [서로 간 협상이 잘 풀렸다고 생각합니다.]
미국인 전권사신에게 영문으로 [협상한 내용의 요지를] 베껴 적어 달라
고 요청했고, [저는 영문을] 세세하게 한문으로 교열하였습니다. 덧붙인
곳이 적지 않습니다. 막간의 시간을 주신다면 한, 두 구절 중 이해가 부
족했던 부분을 [해결하고자 합니다. 그러고 나면] 제가 장차 [지난 번 회
의 내용을] 한문과 영문으로 다시 올리도록 하겠습니다. 지금 [요지의
한문 번역본을] 따로 휴대해왔으니 열람해주시기를 바랍니다.[32]

 즉 이 과정에서 인천부사와 마건충은 비교적 동등한 지위에서 조약
체결을 위한 협상 과정에 임하고 있다고 보인다. 국왕이 임명한 지방
관인 인천부사와 마건충의 대담이 상세한 내용의 기록으로 남을 만큼
해당 절차에서 두 사람은 비슷한 지위에 있다고 인정되는 자들이었기
때문이다. 그가 청국에서 도대라는 지위에 있다는 점도 영향을 미쳤
을 것이다. 새로운 형태의 외교에서는 고하(高下)를 막론하고 비슷한
지위에 있는 본국인과 외국인이 누구인가를 협상하고 결정하는 일이
중요했다. 조선은 청국과 1882년 5월부터 1883년까지 해로를 건너서
서로 소통할 수 있는 관원들 사이 등급의 범위를 규정하기 위한 협상
을 진행하였다.
 이 시도는 1882년 5월 조미수호통상조약의 마무리 작업을 하고 있
었던 마건충으로부터 나왔다. 마건충은 1882년 5월 17일에 자신과 함
께 들어온 청인 및 기타 외국인으로 구성된 초상국의 위원들의 왕경
행이 가능할지를 인천부사와 타진하고자 시도하였다.

 마건충이 묻길: 초상국(招商局)으로부터 나온 [상무]위원 다섯 명이

---

32 『美案』(규장각한국학연구원, 奎17732-1), 15a쪽

왕경(王京)으로 가고자 합니다. [그들이 여기 인천에서 왕경으로 올라가
세 상무의 상황을 직접] 살펴보[려는 것입니다.] 수일 내로 [그들의 통행
에 대한] 확신을 받고자 합니다만.[33]

중국에서는 해당 시기 호조가 외국인들의 국내 통행 시 안전을 보
장한다는 증명서, 곧 외국인 통행(허가)증을 의미하고 있었다.[34] 즉
1882년 5월 17일의 시도에서 마건충이 인천부사로부터 얻고자 했던
것은 인천에서 서울로 들어갈 수 있는 통행증, '호조'였다고 추측한다.
마치 무비유학생들이 톈진으로 건너가서 구 빙단을 제출하고 얻어 갔
던 호조와 비슷하다. 그들이 인천이 아닌 서울로 통행을 허락받기 위
해서는 지방관인 인천부사가 그들의 신분 증빙을 확인해야 한다. 그
리고 인천부사가 중앙정부에게 안건을 올려서 조선 국왕의 허락을 받
아서 그들이 도성으로 입성할 수 있도록 신분을 증빙할 수 있는 서류
를 준비해서 '보호'해줘야 했다.

마건충은 이들 전체를 위한 '호조'를 얻기 위해 본인이 인천부사와
동등하게 미국과의 수호통상조약을 준비하는 전관, 사무관이라는 점
을 강조했다. 이때 다섯 명의 초상국 위원 중 현재 신분이 확인되는
자는 초상국 총판을 지내고 있었던 당정추(唐廷樞, 1832~1892)와 총판
자격을 띄고 온 진수당(陳樹棠, ?~1885)이었다. 마건충은 자신과 동급
이라고 여겨지는 인천부사에게 이들의 신분을 증명해주었다. 그리고
인천부사의 권한으로 이들의 안전을 책임질 수 있는 통행증을 대신
발급받고자 했다. 이 점은 청조의 관원이 조선으로 나왔을 때 가지게
된 일종의 특혜였다고 보인다. 요컨대 황제의 칙사이자 황제가 임명

33 『美案』(규장각한국학연구원, 奎17732-1), 18b쪽
34 민회수, 2016 앞의 글, 126쪽

한 지방관인 도대라고 하는 신분이 마건충에게는 활동과 행동을 보장 받을 수 있는 근거였던 것이다.

1882년 5월 이후 초상국의 상무위원들이 진행한 서울 답사의 결과 는 그 해 9월 16일(음력 1882년 8월 5일) 주일본 청국 공사 여서창(黎 庶昌)의 의견으로 나타나게 되었다. 본국 앞 서함에서 그해 8월 있었 던 류큐 병합으로 인해 동아시아 삼국 관계가 변화하고 있으며 1876년 조일수호조규로 인해 일본과 경제 연결망 속에서 변화하고 있는 조선 내 여러 개항장의 정황을 두고 봤을 때 다음 개항장으로서 인천을 차 지하는 것이 긴요하다고 주장했다. 속히 텐진, 뤼순, 그리고 인천에서 조선의 도읍(서울)을 연결하는 전선을 민간 기업[公司]에게 건설, 운영 할 수 있도록 인도해 총리아문이 직접 조선에서 소식을 받아볼 수 있 도록 하는 것이 제일 적당할 것이라고 보았다. 여서창이 보았을 때 청 국이 조선에서 일어나는 일을 가장 빠르게 받아볼 수 있는 전신국 입 지 역시 인천이었다.[35] 그의 의견은 초상국 위원들의 답사 보고서를 계승한 가장 구체적인 의견이었다.

2) 1883년 가을 상무위원 진수당의 주류 및 인천 산업화 시도

이처럼 조선·청 정부는 누가 누구의 '평행상대'가 될 수 있는지를 꾸준히 타진했다. 일차적으로 협상의 결과가 나타난 것은 「조청상민 수륙무역장정」(1882) 규정들이었다. 이 「장정」을 토대로 향후 인천항 구가 낼 수 있는 수익성을 근거로 하여 초상국이 조선 정부 앞으로 주 는 차관 계약이 체결되었다. 청 조정이 적극적으로 전개한 새로운 대 (對)조선정책을 뒷받침해주는 해외 차관 사업이라고도 평가할 수 있

---

35 『淸季中日韓關係史料 第三卷』, #551, 898~899쪽

다.[36] 더욱이 초상국 위원들이 1882년 5월 현지 조사를 한 점을 고려
한다면 이 차관 계약이 어떻게 성립될 수 있었는지 보다 그 정황이 명
확해진다. 초상국은 당시 청조가 국가 재정을 기반으로 처음 만들었
다. 하지만 국가 재정 이외의 자금은 상대적으로 부유한 중국 강남의
장쑤[江蘇], 저장[浙江] 지역 은행의 돈을 꾸어서 만든 조직이었다.[37]
지역 은행의 수익성을 담보해주기 위해 초상국은 가능한 한 조선 재
투자가 필요했던 것이다.

인천의 상무 개발을 목적으로 하는 「조선정부와 초상윤선, 개평광
무 양국 간 차관 계약」이 수립되었다. 초상국 위원들은 다시 한 번 더
같은 해 12월에 왕경에 들어올 수 있었고 조선 국왕의 직접적인 관심
도 얻을 수 있었다.[38] 이런 차관 수의 계약의 가시적 성과를 가져 온
초상국 위원들에게는 1882년 후반기 이후 조선 국왕의 인지를 통해
새로운 법적 지위가 만들어질 수 있었다. 조선 내에서 다른 외국의 영
사, 공사와 마찬가지로 통행과 주류를 합법적으로 허가 받은 총판조
선교섭상무위원(總辦朝鮮交涉商務委員)이라는 지위가 나타났다. 이
총판조선상무에 처음으로 임명된 것은 1882년 5월과 12월에 조선을
직접 방문한 적이 있었던 진수당이었다.

총판조선상무의 지위와 자격에 대한 원칙적인 해석은 「조청상민수
륙무역장정」(1882) 및 「파원판리조선상무장정(派員辦理朝鮮商務章程)」
(1883)을 체약하는 과정에서 나타났다. 1883년 2월 2일(음력 1882년 12월
25일)에 광서제가 내린 유지에 따르면 북양대신이 파견하는 총판조선
상무와 다른 상무위원들은 조선이 개방한 통상지에 주재하면서 조선

36 권혁수, 2000 앞의 책, 104~106쪽
37 宮崎市定, 1952 「招商局の略事」, 『東洋史硏究』 11-2, 66쪽
38 『고종실록』 권19, 고종 19년 11월 5일(丁亥)

인 관원들과 평행왕래(平行往來)할 수 있다고 규정하고 있다. 거꾸로 조선 국왕이 톈진으로 파견하는 대원(大員)들은 북양대신이 조선의 개방 통상지로 파견한 상무위원들과 같은 지위를 가지면서 청국의 도(道), 부(府), 주(州), 현(縣)의 각급 관원들과 평행하게 대한다고 정리하고 있다.[39] 「파원판리조선상무장정」이 구체화되는 시점에 이르러서야 비로소 조선과 청 양 측 관원들의 지위 해석의 원론적 중점이 보다 명확해져서 '평행하게 왕래한다', 그리고 '평행상대'의 규정에 두어지게 되는 것이다.

총판조선상무로 선임된 진수당은 1883년 9월 5일(음력 8월 5일) 톈진에서 인천으로 출발하기 전 한 장의 조회를 통리교섭통상사무아문(統理交涉通商事務衙門) 독판 조영하(趙寧夏, 1845~1884) 앞으로 제출했다.[40] 그리고 그는 이 조회를 근거로 삼아 자신의 신분증명으로 삼았다. 정부는 아시아 해상 네트워크와 연결될 수 있는 탁월한 입지 조건을 지닌 인천을 개항하고 청인들을 국내로 받아들였다. 조선의 중앙 정부가 지급하는 통행과 주류에 대한 권한을 받아 국내에 머물렀다. 이들에게 부여한 권한을 토대로 하여 조선은 지속적으로 더 많은 외국인을 받아들이게 되었고 법제화하였다. 이로써 인천의 상업과 산업이 발달하면서 항구를 중심으로 한 도시화가 진행되기 시작하였다. 외국인을 매개로 인천 개항을 이루었고 이들의 존재를 활용하면서 역내 질서의 유지와 안정을 도모할 수 있는 새로운 규칙을 통과시켰다.

39　『淸季中日韓關係史料 第三卷』, #678, 1104b쪽
40　『華案 1』(규장각한국학연구원, 奎18052 v.1), 14a~15b쪽

맺음말

본고는 개항 초 인천을 통해 입경, 주류한 청인의 몇 가지 사례를 검토하였다. 조선에 들어온 외국인의 법적 지위와 활동을 허락한 조선 정부의 방식, 그들의 활동 내역에 따른 법적 근거를 밝혔다. 조선 국왕, 정부는 칙사로 파견 나온 청조의 지방관인 도대에게 조미수호통상조약의 체결을 마무리하는 일을 맡겼다. 이때 칙사로 왔던 마건충은 인천부사와 소통하면서 본인의 지위가 그와 상대할 수 있음을 보였다. 의전을 담당하는 사무관, 책임자로 활동하면서 조선인들에게 만국공법에 따른 조약 체결의 의례를 가르쳤다. 국왕의 기대에 따라 활동한 그는 칙사에게 하사하는 국왕의 선물을 받았다.

이때 마건충은 그와 평행상대할 수 있는 조선의 지방관인 인천부사와 소통하였다. 마건충은 지방관에게 상무위원들의 통행증 발급을 위탁하였다. 그 결과 중국에서 마건충이 데려 온 상무위원들은 1882년 5월 인천에 대한 현지 조사를 행했다. 인천이 가진 산업화 가능성이 확인되었다. 이후 인천의 개항과 산업화를 지향하면서 조선과 청은 관원들 간에 '평행왕래', '평행상대'할 수 있는 지위를 명문화하기 시작했다. 이미 현지 조사를 통해 조선·인천의 산업화의 토대를 발견한 초상국 총판 자격의 진수당은 1883년 9월 초대 총판조선상무위원으로 임명되었다. 인천, 서울로 재파견되었다.

본고가 이러한 요지를 통해서 탐색하고자 한 것은 인천 지역의 산업과 노동 시장 발달의 초기 단계다. 동아시아 개항의 역사에서 외국인이 받은 통행권과 자국 내 주류는 외국인 사회 형성의 출발이었으며 한국, 중국, 일본 각 지역에 외국인 공동체의 출현은 개항 이후 공통적이면서도 핵심적인 변화상이다. 조선과 중국은 이전부터 파사제도를 운영하면서 서로 간의 교류를 활발하게 이어가고 있었다. 다만 전통시대의 교류는 조선 당지(當地)에서 벌어지기보다는 주로 중국 베이징에서 한시적으로 이뤄지고 있었다. 그러나 조선과 청 정부는 파사제도를 계승하면서 새로운 규칙을 만들고 적용할 수 있는 준거를 찾았다. 준거를 적용시켜서 만든 새로운 규칙들을 통해 국내에서 청인의 통행과 주류가 허용되었다.

그렇지만 이들은 관원이었고 일반 인민은 아니었다. 특수한 지위에 있으면서 조선 국왕과 정부에게 통행과 주류에 대한 '보호'를 받는 자들이었다. 개항 이후 인천 지역에서 통행, 주류할 수 있는 외국인의 역사는 이후 외국인이 운영하는 해관, 상회, 기타 사회조직으로 확장되었다. 본고는 이전까지의 연구들이 사회조직과 공동체를 다루면서 간과하고 있었던, 조선 국내 외국인의 신분 규정의 한 측면을 청인들의 사례를 통해 설명했다. 1884년 이후 청의 조선에 대한 간섭과 관여가 심해지며 양국의 '종속관계'가 보다 명확해진다는 선행 연구의 성과를 토대로 수용해 다음 단계에서 청인 화교의 법적 지위가 어떻게 형성되어 갔는지를 추찰해야 할 것이다.

참고문헌

『美案 1』
『備邊司謄錄』
『承政院日記』
『朝鮮王朝實錄』
『天津談草』
『淸季中日韓關係史料 第二卷』
『淸季中日韓關係史料 第三卷』
『華案 1』

구선희, 1999『한국근대 대청정책사 연구』, 혜안
권혁수, 2000『19세기말 한중관계사연구: 이홍장의 조선인식과 정책을 중심으로』,
　　　백산자료원
김기혁, 2007『근대 한·중·일 관계사』, 연세대학교출판부
미타니 히로시 외, 강진아 역, 2011『다시 보는 동아시아 근대사』, 까치
손정목, 1984『도시변화과정연구』, 일지사
송병기, 1987『근대한중관계사연구』, 단대출판부
은몽하·우호 엮음, 김한규 역, 2012『사조선록 역주 5 청사의 조선 사행록』, 소
　　　명출판
이광린, 1982(중판)『한국개화사연구』, 일조각
이옥련, 2005『근대 한국 화교사회의 형성과 전개』, 인하대학교 대학원 사학과
　　　박사학위논문
이옥련, 2008『인천 화교 사회의 형성과 전개』, 인천문화재단
정동연, 2020『청의 주한공관과 한청 근대 외교』, 서울대학교 대학원 사회교육
　　　과 역사전공 박사학위논문
최덕수 외, 2010『조약으로 본 한국 근대사』, 열린책들
한일관계연구소 편, 2017『조일수호조규: 근대의 의미를 묻다』, 청아출판사

岡本隆司, 2004『屬國と自主のあいだ: 近代淸韓關係と東アジアの命運』, 名古屋

大學出版會

李正熙, 2012『朝鮮華僑と近代アジア』, 京都大學學術出版會

馬建忠, 1967『東行三錄』, 廣文書局

John K. Fairbank, 1968 *The Chinese World Order: Traditional China's Foreign Relations*, Harvard University Press

Kirk W. Larsen, 2008 *Tradition, Treaties, and Trade: Qing Imperialism and Chosŏn Korea, 1850-1910*, Harvard University Press

강덕우, 2002 「인천개항과 관련된 몇 가지 문제」『인천학연구』 1, 인천대학교 인천학연구원

구선희, 1998 「개화기 조선의 초기개화정책 형성과 청의 영향」『사학연구』 55·56, 한국사학회

김성희, 2021 「조선시대 빈례 연구의 현황과 과제」『사학연구』 144, 한국사학회

김영신, 2003 「개항기(1883-1910) 인천항의 대외교역과 화교의 역할」『인천학연구』 2, 인천대학교 인천학연구원

김영신, 2021 「개항기 초상국의 한국항로 개척과 한중 해상운송망」『지역과 역사』 48, 부경역사연구소

김홍수, 2017 「하나부사(花房義質) 공사의 조선정책과 인천개항」『동국사학』 63, 동국대학교 동국역사문화연구소

김희신, 2010a 「청말(1882-1894년) 한성화상조직과 그 위상」『중국근현대사연구』 46, 중국근현대사학회

김희신, 2010b 「주조선사관의 화교 실태조사와 관리」『명청사연구』 34, 명청사학회

김희신, 2010c 「'한성 개설행잔 조항 개정' 교섭과 중국의 대응」『동양사학연구』 113, 동양사학회

김희신, 2012 「청말 주한성 상무공서와 화상조직」『동북아역사논총』 35, 동북아역사재단

민회수, 2016 「개항기 사증으로서의 '호조' 제도의 도입과 운영」『역사학보』, 역사학회

손정목, 1975 「병자개국과 도시의 변화 상」『도시문제』10(5), 대한지방행정공제
        회
임학성, 2016 「18~19세기 서해 도서주민의 거주 양태 백령도 거주 김해 김씨 일
        가의 고문서 자료 분석 사례」『한국학연구』41, 인하대학교 한국학연구소
한철호, 2007 「한국 근대 주진대원의 파견과 운영(1883~1894)」『동학연구』23,
        한국동학학회
황은수, 2010 「개항기 한중일 정기 해운망과 조선상인의 활동」『역사와 현실』75,
        한국역사연구회

宮崎市定, 1952 「招商局の略事」『東洋史研究』11-2, 東洋史研究會
石川亮太, 2009 「19世紀末の朝鮮をめぐる中國人商業ネットワーク」『帝國とアジ
        ア・ネットワーク』, 世界思想社
孫衛國, 2018 「朝鮮朝使臣金允植與李鴻章: 以『天津談草』為中心」『東疆學刊』35(2),
        延邊大學校

1910년대 경기·관서·관북 지역 상점 상인의 존재형태와 동향

『조선상업총람』 부록에 실린 상점 목록을 중심으로

• • •

노 상 균

연세대학교

1910년대 경기·관서·관북 지역 상점 상인의 존재형태와 동향
『조선상업총람』 부록에 실린 상점 목록을 중심으로

머리말

일제시기 조선의 근대자본가들이 식민권력과 식민지 경제정책에 대해 어떻게 인식하고 대응해나갔는지 구명하는 것은 그들의 행보를 이해하고 나아가 식민 지배하에 형성된 한국 근대자본주의의 성격을 파악하는데 있어 필수적인 연구과제로 오랫동안 학계의 주목을 받아 왔다.

그런데 '식민지배'에 대한 자본가들의 인식과 대응은 그들이 가진 이윤추구의 토대와 구조에 따라 좀더 구체적으로는 계층·분야·업종 등에 따라 다르게 전개되었다. 이는 기본적으로 일본 자본주의의 경제 침투 수준이 계층·분야·업종별로 상당한 편차가 있었던 탓이며, 동시에 조선인 자본가들 입장에서도 생산(상업은 상품수급)에서 판매에 이르는 자본축적의 과정이 각기 다른 만큼 각각이 식민권력에 필요로 하는 요구 내용 또한 다를 수밖에 없었기 때문이다. 곧 자본가들의 인식과 대응은 그들의 경제적 존재형태와 연동되는 것이며 그렇기에 식민지배에 대한 조선인 자본가들의 인식과 대응을 구명하는 작업은 식민지화의 충격이 조선인 자본가들의 존재형태를 어떻게 변화시켰는지를 계층·분야·업종별로 구체화하는 작업과 병행될 필요가 있다고 하겠다.

　본 글에서는 그러한 작업의 일환으로 1910년대 상점 상인들에 대해서 살펴보고자 한다. 주지하다시피 한일병합 직후인 1910년대는 일제가 조선에 식민지 경제체제를 구축해 나가던 과도기로, 개항 이래 내발적인 흐름 속에서 이제 막 조금씩 형성되고 있었던 조선인 근대자본가층이 일제의 식민지 경제정책을 겪으면서 재편·굴절되기 시작했던 시기였다. 그러면서 한편으로 1910년대는 제1차 세계대전으로 인한 전쟁 호황을 계기로 조선인들의 근대적 회사 설립이 활발히 전개되면서 자본가로서의 성장 및 전환이 본격적으로 이루어진 시기이기도 하였다.[1] 그런 점에서 1910년대는 일제시기 조선인 자본가층의 존재형태와 동향을 파악하는데 있어 시작점이자 변곡점으로 중요한 의미를 가진다 할 수 있다.

　1910년대 조선인 자본가층의 존재형태에 대해 기왕의 연구들에서는 주로 회사와 공장을 중심으로 검토가 이루어졌다. 1910년대 회사 설립의 분야별 양상을 종합적으로 검토한 전우용의 연구[2]와 공장 설립을 분석하여 지역별, 출신별 근대자본가층의 존재형태를 정리하고 각각의 특징을 구명하고자 했던 오미일의 연구[3]가 대표적일 것이다. 다양한 사례를 바탕으로 한 이들의 연구를 통해 식민지화의 충격 속에서

1　1910년대 말 조선인들의 회사 및 공장 설립 붐에 대해서는 허수열, 1994 「식민지경제구조의 변화와 민족자본의 동향」, 강만길 외, 『한국사 14』, 한길사를 참고.
2　전우용, 2011 『한국 회사의 탄생』, 서울대학교출판문화원
3　오미일, 2002 『한국근대자본가연구』, 한울 ; 2015 『근대 한국의 자본가들』, 푸른역사

조선인 자본가들의 존재형태가 어떻게 변화되었는지 그 구체적인 양
상을 계통적·구조적으로 확인할 수 있게 되었다.

　회사 및 공장은 근대적인 경제조직으로서 자본주의 공업화와 밀접
한 관계를 가지는 만큼 연구의 중심소재로 주목되는 것은 자연스러운
결과라고 할 수 있다. 하지만 회사와 공장이 1910년대 조선인 자본가
들의 존재를 모두 반영하는 것은 아니다. 총독부는 이 시기 회사설립
을 인허하는데 있어 일본인에 대해서는 소규모 회사설립을 용인하면
서도 조선인에 대해서는 일정 규모 이상의 자본을 갖춘 경우에만 허
가하는 원칙을 적용하고 있었고,[4] 공장통계의 경우 5인 이상의 직공을
갖추거나 연생산액 5,000엔 이상의 공장만을 집계하였던 탓에 그보다
규모가 작은 작업장 및 가내공업들은 대부분 누락되었기 때문이다.
그런 점에서 회사와 공장에 대한 검토는 조선인 자본가 중에서 그래
도 상대적으로 중상층 이상의 계층을 대상으로 한 것이라 볼 수 있으
며, 따라서 그밖에 중소자본가들의 존재는 다른 방식으로 구명할 필
요가 있다.

　이와 관련하여 '상점 상인'은 중소자본가들의 존재형태를 파악하는
데 있어 주목되는 연구 대상이라 할 수 있다. 상점 상인은 상설된 점
포를 경영하여 상행위를 하는 자들로 일제시기 항구 및 각 지방 도회
지에서 활동하던 중소상공인들의 주요 영업형태 중 하나였음에도 불
구하고 그동안 별다른 주목을 받지 못하였다. 상점 상인을 하나의 계
층으로서 체계적으로 다룬 연구는 유승렬의 연구가 거의 유일한데,
그는 병합을 전후한 시기를 중심으로 일제의 상권 침탈 확대에 따른
상점 상업의 추이와 상점 상인들의 동향에 대해 검토함으로써 상점

4　전우용, 앞의 책, 359쪽

상인의 존재형태를 이해하는데 있어 여러 기본적인 시사점을 제공하였다.5 다만 그의 연구는 서울·개성·평양의 일부 상점 상인만을 다루고 있어 계층연구로서 충분한 사례를 다루지 못하였고, 더하여 상점 상인들의 경제적 상황을 조선 상인 일반의 상황과 연결하여 개괄적으로 분석하는데 그쳐 상점 상인들의 출신, 상점 개설 과정, 취급품목, 상품의 수급 및 판로 등 구체적인 경제적 존재형태의 내용 및 특징을 파악하는 것은 향후 과제로 남게 되었다.

이처럼 선구적인 연구성과와 과제에도 불구하고 상점 상인에 대한 관심과 분석이 지금까지 진척되지 못한 것은 여러 가지 이유가 있겠지만 무엇보다도 자료상의 한계가 크게 작용하였다고 할 수 있다. 회사와 공장의 경우 총독부와 각 지방 상업회의소 등이 작성한 목록 및 통계자료가 존재하고 설립자의 인적 정보와 활동 내역 또한 상대적으로 추적이 쉬운 반면에 상점의 경우 그 전모를 파악할 수 있을 만한 기본 자료가 충분치 않았기 때문이다.

본 글에서는 이러한 자료적 한계를 1915년에 발행된『조선상업총람(朝鮮商業總覽)』6 부록에 실린 상점 목록을 통해 극복해보고자 한다. 먼저 1장에서는 주요 자료인『조선상업총람』과 부록에 관한 기초적인 정보를 제공하고 자료를 활용·보완하기 위한 연구방법을 소개한다. 2장은 자료를 통해 확보된 상점 상인들을 대상으로 출신, 업종, 영업

5 유승렬, 1996「韓末·日帝初期 日帝의 商業侵奪과 商廛商業」『국사관논총』67. 그 밖에도 비록 상점 상인에 대해 충분한 학술적 접근이 이루어진 것은 아니지만 조선인 자본가들에 대한 개별 사례 연구로서 상점을 다룬 연구들이 일부 제출되어 있어 참고가 된다. 김동운, 2001『박승직상점, 1882-1951년』, 혜안 ; 홍성찬, 2015「일제하 서울 종로상인의 자산운용-1910, 20년대 수남상회의 자료를 중심으로-」『동방학지』170 참조.
6 竹內錄之助, 1915『朝鮮商業總覽』, 內外商品新報社. 연세대, 고려대, 한국학중앙연구원에서 소장하고 있다.

방식 등을 검토하여 그들의 존재형태를 구체적으로 파악해보고자 한
다. 3장에서는 해당 상점 상인들의 자본 운용 행보에 대해서 살펴보되
특히 1910년대 말부터 진행된 조선인들의 기업설립붐과 상점 상인들
의 동향이 어떻게 연결되는지 중점으로 살펴보고자 한다. 이러한 작
업을 통해서 그동안 주목되지 않았던 상점 상인들을 위시한 중소자본
가들의 구체적인 면모와 역사적 성격을 파악할 수 있는 계기가 마련
되길 기대한다.

1. 자료소개: 『조선상업총람』 부록

　『조선상업총람』은 1915년 내외상품신보사(內外商品新報社)에서 발
행한 책이다. 표지에는 내외상품신보사 편집부에서 편찬한 것으로 표
기되어 있는데 책 말미에 있는 서지사항에는 저작 겸 발행자로 다케
우치 로쿠노스케[竹內錄之助]의 이름이 기재되어 있어 실제 저자가 누
구인지 확인할 수 있다. 저자인 다케우치는 1910년대 조선의 출판계를
이끈 대표적인 재조일본인 중 하나였다. 그는 이바라키현[茨城縣] 평민
출신으로[7] 1904년경 조선으로 건너와 잠시 상업에 종사하다가 1913년
신문사(新文社)를 설립하였다. 이후 『신문계(新文界, 1913.4~1917.3)』
와 『반도시론(半島時論, 1917.4~1920)』 등의 잡지를 간행하였으며, 단
행본으로 『최신통속 위생대감』(1912), 『최신실용 조선백과대전』(1915),
『조선상업총람』(1915), 『(간명)법률경제숙어사해』(1917)을 출간하였고,

7　다케우치는 1917년 6월 군산 지역 교육기금 명목으로 토지 335평을 기부하여 총독
　부로부터 木杯를 하사받았는데, 해당 기록에는 그가 이바라키현 평민 출신이라고
　기재하고 있다.(『조선총독부관보』 1917년 6월 29일 「木杯下賜」)

자신의 출판사 이외에도 만한실업협회에 참여하여 경제잡지 『만한지
실업(滿韓之實業)』의 편찬에 간여하기도 하는 등 활발한 언론·출판
활동을 하였다. 그는 열렬한 동화주의자였는데 일본과 조선이 진정으
로 한나라가 되기 위해서는 무엇보다도 조선인을 등용하는 것이 중요
하다는 인식을 가지고 있었다. 실제로 그는 자신이 설립한 신문사에
백대진(白大鎭), 최찬식(崔瓚植), 송순필(宋淳弼) 등 조선인 기자들을
두었고 조선인 필자들의 글을 다수 잡지에 게재하는 등[8] 1910년대 재
조일본인 언론계 인사들 가운데서는 드물게 조선인과 교류가 많은 인
물이었다.[9]

『조선상업총람』 또한 기본적으로 동화주의적 관점에 입각하여 조
선인 독자들을 염두하고 쓴 책이었다. 곧 다케우치는 책 서문에서 오
늘날 세계는 각국이 수십 수백억 원 규모의 무역을 경영하는 시대인
데 일본은 겨우 11억 원의 무역 규모에 십수 년간 수입초과의 어려운
상태에 놓여있으니, 이를 극복하기 위해서는 조선인들 또한 적극 상
전(商戰)에 참여하여 국가번영을 도모해야 하며 그러기 위해서는 먼
저 상업적 지식을 개발해야 한다고 저술 동기를 밝혔다.[10] 책의 주요
구성을 보면 1장 조선무역상태의 개론, 2장 조선 내의 상업, 3장 상품,

8 본 연구자가 직접 확인해본 결과 『신문계』에 투고된 글의 필자는 일본인 8명, 조
   선인 81명, 필명 필자 52명이었고, 『반도시론』의 필자는 일본인 64명, 조선인 61명,
   필명 필자 90명이었다. 1910년대 재조일본인이 출판한 잡지들 가운데 조선인 필자
   의 비중이 이렇게 다수를 차지하는 경우는 다케우치가 간행한 잡지들뿐이었다. 더
   욱이 그가 간행한 책과 서적은 대부분 국한문으로 간행된 것이었다.
9 다케우치 로쿠노스케의 이력과 활동에 대한 개괄적인 정리는 한기형, 2004 「근대
   잡지와 근대문학 형성의 제도적 연관─1910년대 최남선과 죽내록지조(竹內錄之助)
   의 활동을 중심으로」 『대동문화연구』 48 ; 이경훈, 2004 「『학지광』의 매체적 특성
   과 일본의 영향 1」 『대동문화연구』 48 ; 小野容照, 2020 「植民地朝鮮における竹內
   錄之助の出版活動 : 武斷政治と朝鮮語雑誌」 『史淵』 157을 참고.
10 竹內錄之助, 1915 앞의 책, 「自序」

4장 교통운수 및 통신, 5장 상업상의 제통계로 이루어져 있다. 다케우치의 편찬 의도대로 조선상업에 대한 각종 경제적 정보를 담고 있는 조사서 내지 안내서에 가까운 책이라 할 수 있다.

　본문의 내용도 의미있지만 그보다 더 흥미를 자아내는 것은 부록이다. 『조선상업총람』은 책 마지막에 부록으로 각 지역의 성공한 조선상점 목록과 상점 주인 370명에 대한 짤막한 소개글을 167페이지에 걸쳐 수록하고 있다. 수록 상점 상인의 지역별 구성은 서울 113명, 경기도 18명(고양군 10명, 수원군 5명, 포천군 2명, 파주군 1명), 인천 25명, 개성 40명, 황해도 7명(사리원 7명), 강원도 14명(철원군 8명, 평강군 6명), 평양 32명, 평안남도 13명(안주군 7명, 중화군 4명, 진남포 2명), 평안북도 16명(신의주 12명, 정주군 3명, 선천군 1명), 함경남도 64명(원산 26명, 함흥군 19명, 이원군 10명, 홍원군 4명, 단천군 4명, 북청군 1명), 함경북도 28명(성진군 28명)이다. 곧 서울·경기·관서·관북 지방을 중심으로 한반도 중부 및 북부의 주요 항구와 도회지에 있는 상점 상인들을 대상으로 하고 있다고 볼 수 있다.[11]

　상점과 상점 주인에 대한 소개글은 긴 것은 20여 줄, 짧은 것은 5~6줄 정도이고 일부는 상점명과 주인명, 취급품과 주소 등만 명함 광고 형식으로 수록된 것도 있다. 전체적으로 소략한 글들이 다수이고 한반도 남부지역의 항구 및 도회지 상인들은 제외되어 있다는 한계가 있다. 하지만 수록된 상인들 대다수가 그동안 회사나 공장 설립자들에 비해 상대적으로 주목되지 않았던 상점 상인들이라는 점,[12] 또 짧게나마 각 상점 주인에 대한 기본적인 인적사항—출신지·신분·학력 등—은

11　370명 전체 명단은 본 논문 말미에 실린 부표를 참고.

12　모두 상점 상인들인 것은 아니고 상업회의소나 開城社와 같은 지역회사 관계자에 대한 소개글도 소수 포함되어 있다.

〈사진 1〉 조선상업총람 부록 상점 소개글 예시

물론이요, 상공업종사 시기, 상점 개설 시기, 취급품목, 상품의 수급처 및 판로에 대한 정보도 제공하고 있다는 점에서 1910년대 중소상공인들의 경제적 기반과 존재형태를 이해하는데 유용한 사료적 가치를 지니고 있다고 하겠다.

본고의 과제를 수행하기 위하여 필자는 자료에서 얻어진 인명과 그들에 대한 기록을 항목별로 정리하고, 거기에 자료의 한계를 보완하기 위해 『한국역사정보통합시스템』(http://www.koreanhistory.or.kr/)과 『매일신보』·『동아일보』 등 각종 신문 및 잡지를 통해 각 인물들의 경력과 활동 내역 등을 추가하여 데이터베이스(일명 『조선상업총람 상점 상인 DB』)를 구축한 뒤 통계 분석을 시도하였다. 이를 통해 서울 · 경기 · 관서 · 관북 지방을 중심으로 제한된 범위에서나마 1910년대 조선인 상점 상인들의 존재형태 및 동향에 대해서 살펴볼 수 있을 것이다.

2. 『조선상업총람』 부록을 통해 본 1910년대 상점 상인의 존재형태

『조선상업총람』 부록에 수록된 상점 주인 370명은 앞서 언급한 것처럼 자신의 명의로 된 점포를 가지고 있는 해당 지역에서 나름 성공한 상공인으로 꼽히는 자들로, 중소자본가들 가운데 병합 이후 조선경제의 식민지적 재편과정 속에서도 비교적 잘 적응한 인물들이라 할 수 있다. 이들은 어떤 사람들이었을까? 우선 그들의 출신에 관해서 보면 전체 370명 가운데 신분이나 상점 개설 이전에 종사하던 직업에 대해 정보가 확인되는 인물은 전체 인원의 절반인 185명으로 그 구성은 다음과 같다.

〈표 1〉 『조선상업총람』에 수록된 상점 주인들의 출신 구성

구분	양반	관료	중인	농업	상공업	교사 및 지식인	합계
인원	50명	20명	6명	12명	81명	16명	185명

출전: 『조선상업총람 상점 상인 DB』
주: 양반 출신으로 다른 항목과 중복되는 경우에는 양반 항목에만 포함하였다.

　　표에서 확인되듯이 가장 많은 비중을 차지하는 것은 상공업자 출신
이다. 이들 가운데는 서울의 거상 김종국(金宗國)의 둘째 아들로 1907년
지물포를 개설하여 종이 수출 및 도매 사업으로 성공한 청년실업가
김성환(金聖煥)이나,[13] 종로 미전상인 집안 출신으로 가업을 계승하여
미곡상점을 운영 중인 김영학(金永學),[14] 함남 이원군에서 가문 대대
로 북어 무역상으로 일해 온 강승국(姜承國)[15]의 경우와 같이 전통적
인 상인 집안 출신의 인물들도 일부 있었다. 하지만 대부분은 자기 당
대에 상업을 시작하여 자본을 모아 상점을 차린 신흥상인들이 다수였
다. 심지어 행상, 점원, 고공, 사환 출신으로 소자본 내지 무자본에서
시작하여 상점 상인으로 성장한 인물들도 23명이나 존재하였다. 예컨
대 서상유(徐相游)는 학업을 마친 뒤 상업에 투신하여 다른 이의 포목
상점에서 다년간 일하다가 1906년 독립한 뒤 서울에 본신방(本新房)이
란 상점을 설립하여 비단, 포목 등을 판매하였으며,[16] 군산 출신 강대
화(姜大化)의 경우 행상일을 하며 각지를 다니면서 자금을 모았다가

13　『조선상업총람』 부록, 26쪽 ;「청년실업가 김성환」『매일신보』 1913년 5월 27일
14　『조선상업총람』 부록, 18쪽
15　『조선상업총람』 부록, 145쪽
16　『조선상업총람』 부록, 3쪽

1910년 강원도 평강군에 정착하여 잡화상점을 개설하였다.[17]

점원, 사환 출신으로 성장한 인물 중에는 특히 개성 출신들이 7명이나 있어 주목되는데, 가령 김규용(金圭鏞)은 1899년부터 모 상점서 종업원으로 근무하다가 1905년 독립하여 개성에 잡화점을 개설하였다. 그의 잡화점은 점차 확장하여 청포전을 겸하여 주단, 모직, 포목 등도 취급하는 한편 현시대에는 교육이 급무인 것을 깨닫고 서적도 취급하기 시작하는 등 시세 변화에 기민히 대응하여 성공을 거두었다.[18] 포목점을 운영하는 김수은(金秀殷)과 장성한(張成漢)도 개성 출신으로 비슷한 방식으로 성공을 거둔 사례이다.[19] 전통적으로 개성에서는 남자아이가 태어나면 10대 초반까지는 기본적인 교육을 시키다가 그 후에는 상점의 사환으로 들어가서 장부를 기입하는 법, 물건을 취급하는 법, 고객을 응대하는 방법 등을 익히게 하고 20살이 되면 상점 주인으로부터 자금을 조달받아 독립하게 하는 상인양성제도가 있었는데 이들은 그 수혜자였던 것으로 추정된다.[20]

다음으로 많은 비중을 차지한 것은 양반 출신이다. 이들은 갑오개혁으로 신분제가 공식적으로 폐지되자 상업에 투신한 인물들이었다. 가령 김창윤(金昌胤)은 양반 가문 출신으로 갑오개혁 이후 대금업을 운영하여 모은 자금으로 1905년 즈음에 강원도 철원에 잡화점을 설립하여 업계의 패왕이자 모범 상점으로 평가받을 정도로 성공을 거두었다.[21] 또 윤우섭(尹宇燮)은 명문가의 후예로 한학을 수학하다가 1910년

17 『조선상업총람』 부록, 131쪽
18 『조선상업총람』 부록, 80쪽
19 『조선상업총람』 부록, 85쪽, 90쪽
20 개성상인들의 사환제도를 통한 상인양성에 대해서는 양정필, 2012『근대 개성상인의 상업적 전통과 자본 축적』, 연세대학교 사학과 박사학위논문, 130~149쪽을 참고.
21 『조선상업총람』 부록, 127쪽

인천에 오복점(吳服店)을 개점하여 주단, 포목 등을 판매하였는데,[22]
단기간에 큰 성공을 거두어 6년 만에 인천의 유력 상인 가운데 하나
로『매일신보』에 소개되기도 하였다.[23] 박흥화(朴興化)는 양반 출신으
로 가정에서 학문을 수학하다가 20대부터 상업에 종사하던 중 1910년
에 함남 이원군으로 이주하여 업종을 바꿔 물상객주업에 종사하였다.
그는 1915년 무렵에는 대규모 점포를 가질 정도로 지역 내 유력 상인
중 하나로 성장하였다.[24]

　이들은 개성에서 해동인쇄소(海東印刷所)를 운영하던 하승렬(河承
烈)과 같이 가계가 뚜렷하게 확인되는 자도 일부 있지만[25] 대부분은
가계나 관직 경험이 확인되지 않는 하층 양반이 많았다. 그중에는 신
분만 양반일 뿐 직접 농업이나 상업을 통해 생계를 유지하던 잔반에
가까운 처지도 적지 않았다. 양반 출신이지만 농업에 종사하며 생계
를 유지하다가 상업에 투신하여 함북 성진 지역 물상객주 중 한 명으
로 성장한 박기철(朴基哲)과 박성오(朴成五)의 사례를 대표로 들 수
있다.[26]

　관료의 경우에는 모두 군수나 주사, 군인 등 중하급 관료 출신들이
었다. 김붕남(金鵬南)은 서울·개성·무안·전주 지역 전보사 주사로
재직하다가 퇴임 후 서울 황금정에 덕흥호(德興號)라는 전당포를 개
설하여 영업하였다.[27] 서상팔(徐相八)은 무관학교를 졸업하고 대한제

22 『조선상업총람』 부록, 63쪽
23 「인천 紳士紳商 紹介號, 布木細緞洋屬各種商 尹宇燮 君(內里)」『매일신보』 1916년
　　4월 28일
24 『조선상업총람』 부록, 144쪽
25 『조선상업총람』 부록, 92쪽. 그는 사육신 중 한 명인 河緯地의 14세손으로 繕工監
　　假監役에 제수된 바도 있었다.(大垣丈夫 編纂, 1913『朝鮮紳士大同譜』, 朝鮮紳士大
　　同譜發行事務所, 1032쪽)
26 『조선상업총람』 부록, 163쪽, 165쪽

국 육군 참위로 복역하고 황해도 신계군 군수로 재직하다가 퇴임 후 1908년 서울 안국동에 태평양복점을 설립하였다. 그의 양복점은 수십 명의 점원이 있다는 기록이 있을 정도로 번창하였으며 덕분에 그는 1912년 선인고물조합(鮮人古物組合) 조합장에 피선되고 1914년에 경성 상업회의소 의원에 뽑히는 등 단기간에 서울 지역 유력 상인 중 하나 가 되었다.[28]

한말 계몽운동에 참여하였던 교사·지식인 가운데 상점 상업으로 유입되는 경우도 있었다. 예컨대 1909년 서북협성학교 사범과를 우등 졸업한 뒤 3년간 교육계에 종사하다가 1912년 인천에 인성호(仁誠號) 라는 이름의 우피, 우유(牛油), 우골 등을 주로 취급하는 무역상점을 개설한 박상하(朴相夏)나,[29] 선천야소교학교 부설 사범강습소를 수료 하고 의주 정심학교, 대동학교, 백룡학교 등에서 교사로 재직하다가 상업에 투신하여 신의주에 신흥상점(新興商店)을 개설하고 곡물객주 로 활동한 박지전(朴志篆),[30] 신문사 사원으로 일하다가 퇴사 후 평남 중화군에 자신의 이름을 단 상점을 개설하고 모자제조업에 종사하였 던 채원서(蔡元瑞) 등을 들 수 있다.[31]

한편 이 시기 조선 인구의 다수를 차지하고 있는 농업종사자의 상 점 상업 유입 사례가 적은 것은 특기할만하다. 러일전쟁 이후로 일본 상인들의 상권침투가 강화되고 조선경제가 식민지 경제체제로 재편되 는 과정에서 경쟁을 이겨내고 상점 상인으로 성공하기 위해서는, 자 본력은 부족하더라도 영업 노하우 내지 최소 근대 문물에 대한 지식

27 『조선상업총람』 부록, 17쪽
28 『조선상업총람』 부록, 45쪽
29 『조선상업총람』 부록, 66쪽
30 『조선상업총람』 부록, 121쪽
31 『조선상업총람』 부록, 107쪽

이라도 있어야 했을 것이 어느 정도 예상되는 만큼 농업종사자의 상업 유입과 성공이 상대적으로 쉽지 않았던 것이 아닌가 짐작된다. 다만 출신이나 직업이 정확히 확인되지 않은 인물들 가운데 농민이나 하층 상인들이 적지 않게 있었을 가능성이 있기에 속단할 수는 없을 것 같다. 비록 사례가 적어서 조심스럽지만 한미한 집안 출신으로 농업에 종사하다가 1905년에 강원도 철원에서 잡화점을 설립하여 철원 지역 동종업계 중에서도 눈에 띄는 성공을 거두었다는 평가를 받은 지창연(池昌淵)이나,[32] 가난한 농민에서 상인으로 전업하여 수원 지역 포목상점 주인이 된 홍건섭(洪健燮)의 사례에서 보듯이 농민층에서 상인으로 전환하여 일정한 성장을 이룰 수 있는 길이 이 시기에는 아직 완전히 차단되지 않았다는 점은 지적할 수 있겠다.[33]

마지막으로 가장 적은 비중을 차지하는 중인은 모두 의원 출신으로 대대로 한의학에 종사한 가문이거나 수십 년 동안 관련 분야에 종사하다가 약방 내지 의원을 차려 자리 잡은 인물들이다. 전문직종이고 일본의 상권침투가 그리 심하지 않은 업종이었지만 안주하지 않고 일본으로 유학가서 치배千葉의학전문학교를 졸업하고 돌아와 평양에 서양식 병원인 순천병원을 설립하였던 강병옥(康秉鈺)이나,[34] 마찬가지로 유학생 출신으로 평양에 의원 겸 약방인 법교국(法橋局)을 설립하여 한의약뿐만 아니라 양약도 제조 판매하였던 김수철(金壽哲)의 경우처럼 서양의 근대의학을 수용하여 영업 경쟁력을 높인 사례도 있었다.

---

32 『조선상업총람』 부록, 129쪽
33 『조선상업총람』 부록, 71쪽. 그는 1921년 자본금 6만 원 규모의 수원전기주식회사 이사 및 대주주가 되어 상점 운영을 통해 모은 자본을 바탕으로 기업 투자에 나선 사례로서도 주목된다.
34 『조선상업총람』 부록, 103쪽

출신 구성 및 사례에서 보듯이 상점 주인들은 대체로 시전상인이나 경강상인과 같은 전통적인 유력 상인들과는 결을 달리하는 자들로 근대 이후 개항장의 형성과 포구 무역의 발달을 기반으로 형성된 신흥 상인세력이 주를 이루고 있었다. 이는 상공업에 종사하기 시작한 시점과 상점을 개설한 시점의 차이에서도 확인할 수 있다. 『조선상업총람』에 수록된 전체 상점 주인들 가운데 상공업에 처음 종사한 시기가 파악되는 인물은 235명이며, 지금의 상점을 개설한 시점이 확인되는 인물은 245명이다. 이를 정부의 경제정책 변화 및 외국상인들의 침투 정도와 관련해서 4가지 시기—①개항에서 갑오개혁 이전까지(1876~1893), ②갑오개혁에서 러일전쟁 이전까지(1894~1903), ③러일전쟁에서 한일병합 이전까지(1904~1910), ④한일병합 이후(1911~)—로 구분하여 정리해보면 그 결과는 다음과 같다.

〈표 2〉『조선상업총람』에 수록된 상점 주인들의 상공업종사 및 상점 개설 시기

상공업 종사 시기		상점 개설 시기	
1876~1893	23명	1876~1893	16명
1894~1903	79명	1894~1903	35명
1904~1910	79명	1904~1910	103명
1911~1915	54명	1911~1915	91명
불명	135명	불명	125명
총계	370명	총계	370명

출전: 『조선상업총람 상점 상인 DB』
주: 병합 이후가 1915년까지로 제한된 것은 『조선상업총람』의 발행시기가 1915년이기 때문이다.

표에서 보이듯이 상공업 종사 시점은 '갑오개혁에서 러일전쟁 이전까지'와 '러일전쟁에서 한국병합 이전까지'의 시기가 다수를 점하고, 상점 개설 시점은 '러일전쟁에서 한국병합 이전까지'와 '한일병합 이후'

의 시기가 다수를 점하여 상공업종사 시점이 상점 개설 시점보다 약
간 앞서 있는 것을 확인할 수 있다.

이를 정리하자면 『조선상업총람』에 수록된 상점 주인들은 대체로
수년 내지 십수 년간 상공업에 종사하며 경험과 작은 자본을 마련한
뒤 대한제국의 무력화로 중소상공인에 대한 특권세력 및 상층상공인
들의 통제력이 약화되는 러일전쟁 이후 시기 또는 한일병합 이후 시
기에 독립하여 상점을 차린 후 적응에 성공한 인물들이 주류였다고
할 수 있을 것이다.[35][36] 대한제국의 붕괴가 한편으로는 특권상업체제
의 해체로 이어져 중소상공인들의 경제적 진출에 도화선이 되었다는
사실을 여기서 확인할 수 있다. 또 병합 이후 상점 개설이 앞선 시기
에 못지않다는 점은 회사령을 통해서 억제된 회사 설립의 추세와는
달리 중소상공인의 상점 개설 열기는 병합의 충격에도 상대적으로 영
향을 덜 받았음을 알려준다고 하겠다.[37]

---

[35] 주지하다시피 대한제국은 식산흥업정책의 일환으로 정부 주도의 근대적 상공업
육성정책을 추진하였는데 그 방식은 구래의 경제질서 위에서 부를 축적해온 특권
상인층에 대한 국가의 장악력을 제고하되 그 대가로 그들에게 지역별, 물종별 독
점권을 부여하는 것이었다. 이를 통해 대한제국 정부는 안정적으로 상업세 수취를
확대할 수 있었고 특권상인들도 정부의 보증아래 자본을 축적하고 외국상인의 침
탈로부터 자신들의 상권을 보호할 수 있었지만 중소상공인들은 특권상인들의 통
제와 수탈을 겪어야만 하였다. 대한제국의 상공업 육성정책에 대해서는 이영학,
1997「대한제국의 경제정책」『역사와 현실』26 ; 조재곤, 2010「대한제국 식산흥업
정책과 상공업기구」『한국학논총』34를 참고.
[36] 실제로 상점 주인들 중에 대한제국과 연관을 가진 자는 매우 적었다. 전체 370명
가운데 대한제국 관료 출신은 25명이고 대한제국과 관계가 깊은 대한천일은행 관
계자가 1명, 객주회사 관계자 1명이 전부였다. 그나마 관료의 경우도 앞서 언급한
대로 대부분 중하급관료 출신들이었다.
[37] 이는 조선인의 대규모 회사는 억제하고 소상공업은 육성한다는 총독부의 방침 탓
도 있었지만 한편으로는 병합 이후 아직 지배시스템이 정립되지 못한 상태에서
병합 이전부터 급증세를 유지하였던 개인상점, 개인공장의 실태를 완전히 파악할
수 없었던 총독부 행정력의 한계 때문이기도 하였다.(김인호, 1999「일제초기 조선
공업의 '과도기 자본주의'적 특징」『한국근현대사연구』10, 279~281쪽)

다음으로 업종을 살펴보자. 이들이 개설한 상점은 그 종류와 성격에 따라 크게 ①상품의 판매·보관·운송 등으로 이윤을 내는 '상업용 상점', ②원료를 가져와 노동력을 통해 가공·제조하여 판매하는 '공업용 상점'[38], ③금전대부를 주목적으로 하는 '금융 상점', ④병원·사무소 등 '기타 상점'으로 나누어 볼 수 있다.

우선 전체적인 구성 비율을 보면 '상업용 상점'이 266개, '공업용 상점'이 62개, '금융 상점'이 4개, '기타 상점'이 36개였다. 주지하다시피 1910년대에는 제1차 세계대전의 발발로 인한 수입품 두절을 계기로 수입대체시장이 형성되고 거기에 무역수지 문제를 개선하기 위해 총독부가 추진한 수출용 상공업 육성정책이 더해짐에 따라 조선에서도 제한적이나마 공업화가 이루어지고 조선인들의 공업 투자도 서서히 늘어나고 있었다.[39] 상점 업종 구성에서 확인되듯이 신흥 중소자본가들이 주축이 된 상점 상인들에서도 이러한 시대적 상황에 조응하여 공업용 상점이 상당수 개설되었지만 그래도 주축은 여전히 상업이었다. 더하여 금융 상점이 매우 적은 것이 눈에 띄는데 이는 자본력 때문이기도 하겠으나 총독부의 이자제한령 실시와 농공은행 설치 등의 조치가 중소상공인들의 금융업 참여를 저지한 것이 반영된 현상으로 추정된다. 그 밖에 기타 상점은 병원과 변호사사무실이 대부분이었는데 병합 이전 국내외에서 근대교육을 받은 신지식인들이 병합 이후 자신들의 전공을 살려 전문직 서비스업을 운영하던 것이었다.

---

38 제조업을 겸하는 이러한 상점은 일반적으로 '房'이라는 명칭으로 불리었다. 梶川半三郎, 1911 『實業之朝鮮』, 資源研究會, 345쪽

39 1910년대 조선인 산업자본가 형성의 배경에 대해서는 오미일, 2002 앞의 책, 111~119쪽을 참고. 1910년대 총독부의 수출용 상공업 육성정책에 대해서는 노상균, 2022 『한말 일제초 상공업 자본가의 분화와 식산흥업론』, 연세대학교 사학과 박사학위논문, 138~162쪽을 참고.

　다수를 점하는 상업용 상점 및 공업용 상점과 관련하여 종류별로
좀 더 세부 업종을 살펴보자. 다음의 표는 상점 업종을 종류별 비중이
높은 순서로 정리한 것이다.

〈표 3〉『조선상업총람』 수록 상점의 세부 업종 구성

상업용 상점		공업용 상점	
객주업(위탁판매업)	58개	제조 약방	15개
잡화점	56개	신발 제조점	14개
무역상점	45개	인쇄점	7개
포목점	31개	과자 제조점	6개
소매 약방	16개	염직소	5개
목재점	14개	정미소	3개
서점	8개	양복 제조점	3개
지물점	6개	철물 제조점	3개
요리점 및 여관	5개	양말제조점	2개
운수업	4개	목공소	1개
기타	25개	기타	3개
합계	268개	합계	62개

출전: 『조선상업총람 상점 상인 DB』
주: 상업용 상점 기타는 철물점, 자전거 판매점 인력거 판매점, 시계 판매점, 건축청부업,
　　과일상점, 사진관, 세탁소 등이고, 공업용 상점 기타는 모자제조점, 양조소, 금속세공
　　점이다.

　세부 업종 구성을 보면 상업용 상점과 공업용 상점 모두 소수 업종
에 편중되어 있다는 것이 눈에 띈다. 표에서 보이듯이 상업용 상점은
객주업, 잡화점, 무역상점, 포목점 등 4종이 전체 상업용 상점의 약 71%
를 차지하고 있고, 공업형 상점의 경우 제조 약방과 신발 제조점이 전
체 공업용 상점의 절반 가까이 이르고 있다. 이러한 업종 편중 현상은
식민지배의 충격에 대응하기 위한 조선인 상공업 자본가들의 생존전
략과 관련이 있다 할 수 있다. 곧 이시기 조선의 상공업자들은 보호국

화 이래로 일본 상인의 상권침투가 점점 확대되고 무역에서도 대일의
존도가 심화되어가는 상황을 맞이하여 크게 두 가지 방식으로 대응하
였는데, 하나는 일본자본주의의 하위 파트너로 편입되어 이익과 생존을
도모하는 것이었고 다른 하나는 일본자본주의의 진출이 상대적으로
약한 분야를 중심으로 전문화·집중화하는 것이었다.[40] 식민지 무역
구조에 상품수급과 판매를 일정 부분 의존하는 무역상점과 포목점 등
이 전자에 해당한다면, 일본의 상권침투가 아직 충분히 진행되지 않은
지역을 중심으로 상권을 유지하였던 객주업[41]이나 잡화점, 일본 상인
과의 경쟁이 거의 없었던 제조 약방, 의식주의 하나로 폭넓은 수요를
가지는 동시에 비싼 가죽 구두 대신 값싼 경제화(經濟靴)를 개발한 덕
에 상권을 유지할 수 있었던 신발 제조점[42] 등은 후자의 경우에 해당
한다고 할 수 있겠다.

마지막으로 상점 상인들의 영업 방식 및 구조를 살펴보자. 이와 관
련하여 『조선상업총람』에는 상점의 상품수급 및 판로에 대한 정보가
일부 기록되어 있어 주목된다. 이를 바탕으로 살펴보면 이 시기 상점
상인들 내부에는 생산과 판매를 둘러싸고 다양한 입장 차이가 존재하

---

40 노상균, 위의 논문, 81~82쪽
41 일반적으로 객주와 객주업은 병합을 전후한 일본 상인의 침투 확대와 철도 부설
   에 따른 유통구조의 변화로 가장 큰 피해를 입은 계층으로 알려져 있다. 하지만
   유통구조에 대한 일본의 장악력이 1910년대에는 아직 지역별로 편차가 컸기 때문
   에 지역에 따라서는 객주들이 여전히 상권을 유지하는 경우도 많았고 신흥상인들
   의 객주업 진출도 적지 않게 일어나고 있었다.(유승렬, 1996 『한말·일제초기 상업
   변동과 객주』, 서울대학교 국사학과 박사학위논문, 173~177쪽)
42 이 시기 조선인들이 운영하던 신발 제조점들은 洋靴도 취급하지만 그보다는 朝鮮
   鞋, 經濟靴 등 조선인들의 소비력에 맞춘 값싼 改良靴가 주력 상품이었다. 가령 인
   천에서 合順泰改良靴店을 운영하면서 서양식 가죽 구두에 대항하기 위해 1905년
   三成靴라는 제품을 개발하여 조선 改良靴의 원조로 언론에 소개된 바 있는 李盛
   園을 대표적인 사례로 들 수 있다.(『조선상업총람』 부록, 62쪽 ; 작자미상, 1924
   「仁川아 너는 엇더한 都市?(2)」 『개벽』 50, 62쪽)

였다. 크게 5가지 유형으로 분류할 수 있는데 ①조선에서 생산해서 조선으로 판매하는 유형, ②조선에서 생산해서 일본으로 판매하는 유형, ③조선에서 생산해서 중국에 판매하는 유형, ④일본에서 생산된 것을 조선으로 판매하는 유형, ⑤중국에서 생산된 것을 조선으로 판매하는 유형이 바로 그것이다. 요컨대 경제활동의 주 영역을 어느 시장에 기반하고 있느냐의 따른 구분이라 할 수 있다.

우선 유형 ①에 속하는 대표적인 상점 상인으로는 김수은(金秀殷), 김영환(金永煥), 백인화(白仁和), 손건태(孫健泰), 안호연(安浩然), 이세원(李世元) 등을 들 수 있다. 김수은은 개성상인의 전통에 따라 어렸을 때부터 상점에 사환으로 들어가 상업견습을 받다가 1906년 무렵 독립하여 주단포목점을 개설하였다. 1915년 무렵 그는 경성, 인천, 전주 방면에서 각종 물화를 수급하였고 연천, 면산, 금천, 평산, 연안, 백천, 장단, 서흥, 신계, 파주 등 황해도 및 경기도 지역에 판로를 가지고 있었다.[43] 김영환은 18세에 개성학당 일어과를 수료하고 한동안 상점 종업원으로 종사하다가 22세에 독립하여 김영환지전을 개점하여 각종 지물을 판매하였는데 주로 누천, 토산, 연안, 백천, 병전 등 황해도 지역 시장을 판로로 하였다.[44] 백인화는 경성 종로에서 동상점(東床店)을 운영하였는데 갓, 망건, 관복, 조선 구(舊)잡화를 주로 취급하였으며 다수의 점원을 고용하여 경향 각지로부터 주문판매에 응하여 성공을 거두었다. 그의 상점은 1921년 정식으로 상호등록 인가를 얻기도 하였다.[45] 손건태는 신학문을 배워 측량사업에 종사하다가 1915년 1월에 개성에 숭문관인쇄소(崧文舘印刷所)를 설립하였다. 서울의 김

43 『조선상업총람』 부록, 90쪽
44 『조선상업총람』 부록, 67쪽
45 『조선상업총람』 부록, 30쪽 ;「商業及法人登記」『조선총독부관보』 1921년 6월 27일

성환지물관(金聖煥紙物館), 성문사인쇄소(誠文社印刷所), 공성당양지점(共盛堂洋紙店)과 특약을 맺어 종이와 원료를 거래했으며, 연백, 금천, 평산, 서흥, 황주, 토산, 장단, 파주 등 황해도 및 경기도 북부 지역에서 주로 주문을 받았다.[46] 안호연은 문한가의 자손으로 강화도에 살다가 인천으로 이주한 뒤 1888년 무렵부터 객주업을 시작한 인물로 시세변화로 인해 다수의 객주들이 큰 타격을 입는 와중에도 생존하여 자신의 영업권을 지킨 케이스였다. 그를 소개한 『매일신보』의 기사에 따르면 주로 곡물, 지물, 포목 등을 취급하였으며 가게에 6명의 사용인을 두어 충청남북도와 강화군, 해주군, 연백군 등지에서 물품을 취인하였는데 1년에 취급거래액이 200만 원에 달할 정도라고 하였다.[47] 이세원은 황해도 신막에서 포목 및 잡화 판매점을 운영하다가 개성으로 이주한 뒤 지물상점을 개시하였는데 주로 개성, 신막, 남천 등지에 판매하고 경성에도 특약점을 설치하여 판로를 가지고 있었다.[48]

유형 ②에 속하는 상점 상인으로는 김성옥(金成玉), 박상하(朴相夏), 이옥인(李玉仁), 강승국(姜承國), 양윤근(楊閏根) 등이 있었다. 김성옥은 부산 출신으로 인천으로 이주하여 권업사라는 위탁매매업 상점을 운영하였다. 1906년 무렵에는 정부의 허가를 받아서 권업소로 이름을 바꾸어 영업하였는데 주로 곡물과 피물을 취급하였으며 소속 사원들이 모두 일어에 숙달되어 국내는 물론 일본 각항 및 도회지에도 판로를 가졌다.[49] 박상하는 한말 서북학회가 설립한 사립서북협성학교 사범과

46 『조선상업총람』 부록, 93쪽

47 『조선상업총람』 부록, 66쪽 ; 「인천 紳士紳商 紹介號, 객주업廣信號 安浩然 君(內里)」『매일신보』 1916년 4월 27일

48 『조선상업총람』 부록, 77쪽

49 『조선상업총람』 부록, 61쪽 ; 「인천 紳士紳商 紹介號, 위탁매매중개권업소 金成玉 君(栗木里)」『매일신보』 1916년 4월 27일

출신으로 졸업 후 3년 동안 교육계에 종사하다가 병합 이후 실업계에
투신하여 인천에 인성호(仁誠號)라는 우피, 우유(牛油), 우골 무역 겸
위탁판매업 상점을 개설하였다. 그의 상점은 중국과 일본 본토에 직
수출하는 한편 1911년 영등포에 설립된 일인회사 조선피혁주식회사와
특약판매 계약을 체결하여 거래하기도 하였다.[50] 이옥인은 소자금으
로 신제약방(信濟藥房)을 운영하다가 모범매약상회(模範賣藥商會)로
이름을 바꾸고 약품 제조 및 수입판매로 영업을 확장하였다. 그의 상
점은 조선 전국은 물론 일본, 중국에서도 주문이 올 정도로 큰 성공을
거두었으며, 이를 발판으로 1920년에 자본금 25만 원 규모의 모범매약
주식회사로 전환하여 1940년대까지 영업하였다.[51] 강승국은 함남 이
원군에서 대대로 북어무역업에 종사하던 집안 출신으로 가업을 계승
하여 다년간 종사한 끝에 1915년 무렵에는 조선 전 지역은 물론이오
일본 본토의 유명 상업지에도 직접 수출할 정도로 업계에서 손꼽히는
광대한 판로를 가지고 있었다.[52] 양윤근은 양반 가문 출신으로 20세에
상업에 투신하였는데 처음에는 소자본으로 좌고(坐賈) 영업을 하다가
영업이 흥왕하여 모은 자금으로 1912년 함길상점(咸吉商店)을 설치하
고 무역 및 위탁매매업을 시작하였다. 소금과 잡화를 산지에서 매입
하여 판매하는데 조선과 일본 각 지방에까지 판로를 가질 정도였다.
그는 일본과의 무역으로 얻은 자본을 가지고 일본인들과 합작하여
1921년 연초판매를 목적으로 하는 주식회사 함흥연초원매별소(咸興煙
草元賣捌所)를 설립하고 사장직을 맡기도 하였다.[53]

---

50 『조선상업총람』 부록, 66쪽 ;「인천 紳士紳商 紹介號, 객주업 朴相夏 君(外里)」『매
   일신보』 1916년 4월 28일
51 『조선상업총람』 부록, 21쪽 ; 中村資良, 『朝鮮銀行會社組合要錄』, 東亞經濟時報社,
   1921년판 및 1942년판 해당 회사항목 참고.
52 『조선상업총람』 부록, 145쪽

유형 ③에 속하는 사례로는 오기정(吳基楨), 최흥모(崔興模), 독고열(獨孤烈), 김상순(金尙順), 김창근(金昌根)을 들 수 있다. 오기정은 상인 집안 출신으로 그의 상점은 소규모 지물 판매가 아닌 대규모 지물무역업을 운영하는 상점이었는데 화양지(和洋紙) 등은 외국에서 직수입하여 조선 각지에 도매하고, 조선산 종이는 조선 및 중국 옌타이 지방으로 판매하였다.[54] 최흥모는 관립한어학교 출신으로 졸업 이후 쭉 서울에서 약방을 운영하며 자본을 모으다가 1910년 공화당대약방(共和堂大藥房)으로 가게 이름을 바꾸고 남대문에 3층 양옥지어 영업을 확장하였다. 각종 약을 산지에서 직접 구입한 후 각 지방에 지점 및 특약점을 두고 도매, 산매, 통신판매하였는데, 중국으로까지 약재를 수출하여 대외 약재수출입상의 비조라는 평가를 받았다.[55] 독고열는 평북 용천군 출신으로 경의선이 개통되자 이를 기회로 생각하고 신의주로 이주하여 1906~1907년 즈음에 자신의 이름을 딴 독고열상점을 개설하여 정미업과 무역업에 종사하였다. 신의주뿐만 아니라 중국 안동현과 봉천 등지에까지 판로를 가지고 있었다.[56] 1911년 김상순과 김창근이 신의주에 공동설립한 곡물무역상점 동순창(東順昌) 또한 신의주와 구의주, 박천, 용천 등 평안도지역은 물론 중국 안동현, 대련, 봉천까지 판로로 삼고 있었다.[57]

---

53 『조선상업총람』 부록, 154쪽 ; 『朝鮮銀行會社要錄』 1921년판. 함흥연초원매팔소㈜는 양윤근이 2대 대주주이기는 하였지만, 그를 제외한 나머지 중역 및 대주주들은 모두 일본인이었다. 일본과 무역거래를 하면서 형성된 인맥을 통해 설립된 회사였던 것으로 보인다.

54 『조선상업총람』 부록, 6쪽

55 『조선상업총람』 부록, 10쪽 ; 「商店評判記 : 共和堂本舖乾材藥局」 『매일신보』 1912년 12월 8일 ; 「京城街隅垈」 『매일신보』 1917년 3월 14일

56 『조선상업총람』 부록, 119쪽

57 『조선상업총람』 부록, 120쪽

　유형 ④에 속하는 상공인들은 강명옥(姜明玉), 김진삼(金陳三), 정덕
현(鄭德鉉), 신덕현(申德鉉), 구본실(具本實) 등이 있었다. 강명옥은
1895년 개성에서 잡화점을 운영하다가 1905년 업종을 바꿔 강명옥자
전거포를 설립하였는데 대판교본자전거점(大阪橋本自轉車店), 경성직
거자자전거점(京城織居自轉車店), 경성횡산자전거점(京城橫山自轉車店)
등 일본 본토 및 한국 내 일본인 상점과 특약을 맺어 상품을 공급받아
판매하였다. 1915년 무렵에는 그 판로가 연백, 누천, 신계, 곡산, 이천,
일산, 장단, 풍덕, 철원, 평강 등 황해도, 경기도, 강원도에 이를 정도
로 성공을 거두었다.[58] 1907년 서울에 인력거판매소를 설립한 김진삼
또한 동경과 오사카로부터 인력거를 수입하여 판매하였으며, 정덕현
이 1908년 함남 홍원군에 설립한 덕흥상점(德興商店)의 경우에도 일본
의 동양생명보험주식회사와 대리점 계약을 맺고 연초, 석유, 염료 등
을 수입하여 판매하였다.[59] 신덕현은 18세부터 소자본으로 양복고물
상에 종사하다가 정착하여 개인상점을 냈으며, 이후 1912년에 상점 내
자전거부를 신설하여 판매하였다. 자전거는 대판문장상회(大阪問長商
會), 경성직거자전거점(京城織居自轉車店), 횡산상회(橫山商會) 등 일
본 본토나 재조일본인이 운영하는 상점들과 대리점 특약을 맺어서 공
급받으며 상점 내 수선공장을 두어 수선업을 겸하였다.[60] 구본실은
사립 숭명학교, 인천관립상업학교, 경성기독교청년회 사진과 등을 졸
업한 신지식인으로 병합 이후 상업에 종사하여 미곡무역업을 운영하
다가 업종을 바꾸어 개성에 대창양화점(大昌洋靴店)을 설립하였다.
경성 및 동경의 피혁판매소, 모자전문점에서 물건을 받아서 팔았으며

58　『조선상업총람』 부록, 75쪽
59　『조선상업총람』 부록, 47쪽, 146쪽
60　『조선상업총람』 부록, 16쪽

개성 시내와 황해도 각 지방까지 영업범위로 하였다.[61]

유형 ⑤에 속하는 사례로는 류재명(柳在明), 김창훈(金昌勳), 안창묵(安昌黙) 등이 있었다. 류재명은 몰락양반 출신으로 생계를 위해 상업에 투신하여 입전(立廛)에 들어가 1892년부터 종로에서 영업을 시작하여 1915년 무렵에는 주단과 당포 등은 중국 상해로부터, 서양 직물은 서양으로부터 직수입하여 경향 각 지방에 판매하는 직물무역업자로 성장하였다.[62] 김창훈은 개성 사람으로 1892년 상업에 첫발을 들인 후 1905년 작은 소매점을 개설하여 운영하다가 1910년 즈음에 업종을 바꾸어 주단포목상점을 개설하였는데 인천, 경성, 전주 등 국내는 물론 중국 안동현과도 통상하여 상품을 수급하였다.[63] 안창묵은 1904년 부친이 운영하던 목재상점을 물려받아 운영하다가 1911년 가게를 대확장하면서 조선목재상회를 설립하였는데, 중국 안동현과 강원도에서 목재를 수급하여 경성 및 각 지방에 도매 및 산매하였다.[64]

이상의 사례에서 보듯이 1910년대 상점 상인들 내에는 원료와 상품의 수급 및 생산, 제품의 판로 등에 있어 서로 기반과 구조를 달리하는 다양한 유형의 상인들이 존재하였다. 『조선상업총람』에 수록된 모든 상점들에 상품 수급 및 판로 정보가 기록된 것은 아니기 때문에 유형별 비중이 어느 정도였을지에 대해서는 자세히 해명하기 어렵지만, 병합 이후 식민지 경제정책으로 인한 유통구조의 변화와 대외무역의 팽창 속에서 상층자본가들뿐만 아니라 중소자본가들 또한 점차 경제적 존재형태가 분화되고 있었음을 여기서 확인할 수 있다.

---

61 『조선상업총람』 부록, 79쪽
62 『조선상업총람』 부록, 2쪽
63 『조선상업총람』 부록, 87쪽
64 『조선상업총람』 부록, 48쪽

3. 상점 상인의 자본 운용 동향

상점 경영의 성공을 통해서 축적한 이들의 자본은 이후 어떠한 행보를 보였을까? 우선 상점 상업의 단계를 넘어 근대적인 회사 및 공장 설립에 참여하여 기업자본가로 성장·전환하는 경우가 있었다. 곧 『조선상업총람』에 수록된 상점 주인 370명 가운데 식민지 시기 내에 회사 및 공장 설립의 참여가 확인되는 자는 59명이 있었다. 전체의 16%가량으로 높은 비중이라고 볼 수는 없지만 일부나마 중소상공인들 중에서도 자본을 축적하여 기업가로 전환하는 사례가 존재했음을 확인할 수 있다.

몇 가지 주요 사례를 살펴보면 강창오(康昌梧)는 평양 숭실중학교와 총독부 부속 의학교를 졸업한 뒤 황해도 봉산군 사리원에서 병원을 운영하면서 모은 자본을 바탕으로 자본금 5만 원 규모의 사리원운수창고주식회사 설립에 참여하여 1925년부터 1942년 무렵까지 사장 및 이사직을 역임하였다.

구창조(具昌祖)는 부산의 가난한 집안 출신으로 13세 때 인천으로 이주한 뒤 행상으로 상업을 시작하여 1906년 미곡무역상점을 설립하고 성공을 거둔 인물이다. 상점 경영을 통해 자본을 모은 그는 1928년 자본금 4만 원 규모의 곡물 무역회사 인일상회주식회사(仁一商會株式會社)를 설립한 것을 비롯하여 1937년에는 잡화 판매를 목적으로 하는 남창상회합자회사(南昌商會合資會社)를, 1939년에는 부동산 회사인 조선공영주식회사(朝鮮工營株式會社)를 설립하여 사장직을 지냈다. 조선공영주식회사는 자본금 100만 원 규모의 회사였는데 그는 전체 주식 20,000주 가운데 1,400주를 보유하여 두 번째로 많은 주식을 가진 대주주였다.

김연연(金湅然)은 서울에서 신발제조점을 열고 짚신이나 개량화를 제조 판매하며 모은 자본을 바탕으로 1926년 최병기(崔秉基)와 함께 상평(常平)고무공업사를 설립함으로써 고무신 제조까지 사업 영역을 확장하였으며,[65] 마찬가지로 1908년부터 서울에 자신의 이름을 딴 신발 제조상점을 영업하던 박덕유(朴德裕)는 1934년 자신의 상점을 합자회사로 전환하는 한편 1936년 자본금 1만 원 규모의 합자회사 금강호모공업사(金剛護謨工業社)를 추가로 설립하여 고무신과 운동화 제조까지 사업 영역을 넓혔다.

서상유(徐相游)는 학업을 마친 뒤 상업에 투신하여 다른 이의 포목상점에서 다년간 일하다가 1906년 독립한 뒤 서울에 본신방(本新房)이란 상점을 설립하여 비단, 포목 등을 판매하였다. 그의 상점 운영은 병합 이후에도 큰 성공을 거두었고, 이를 바탕으로 그는 1920년대 초에 이르면 자본금 50만 원의 대동무역주식회사(大同貿易株式會社) 전무이사 겸 대주주, 자본금 50만 원 규모의 동양흥산주식회사(東洋興産株式會社) 이사 겸 대주주가 되는 등 유수의 기업인으로 성장하였다.

서준성(徐駿聖)은 어물행상으로 상업을 시작해서 1905년경 원산 지역 물상객주로 성장한 인물인데 1920년을 전후로 원산 지역 기업설립에 참여하여 북어창고주식회사 감사, 창흥창고주식회사(彰興倉庫株式會社) 감사, 원산무역주식회사 대주주 등을 지내면서 지역 경제계의 중심인물로 활동하였다.

정덕현(鄭德鉉)의 경우 1908년부터 함남 홍원군에서 잡화점인 덕흥상점을 경영하였는데 1919년 상점을 합자회사로 전환하여 자본금 규모를 11만 원으로 확장한 것을 시작으로 북선창고주식회사, 합자회사

---

[65]「商業及法人登記」『조선총독부관보』 1926년 5월 29일

원흥(元興)운수조, 주식회사 흥업사, 전진(前津)합동운수주식회사, 합
자회사 전진회조점(前津廻漕店) 등 홍원·원산 지역 운수회사 및 무역
회사의 주식을 매입하고 경영에 참여하는 등 전문적인 기업자본가로
거듭난 사례도 있었다.[66]

　회사 설립 이외에 광업에 투자하는 사례가 있었다. 수록된 상점 상
인들 중 총독부에 광업권을 신청하여 획득한 기록이 있는 사람은 19명
인데 그 가운데는 단발성 투자가 아닌 동업자들을 규합하여 전문적인
광업 투자에 나선 경우도 있었다. 1898년부터 서울에 시계·안경 판매
점을 운영하여 전동에 2층짜리 점포를 차리고 광교와 동현사거리에
각각 분점을 둘 정도로 큰 성공을 거뒀던 조선희(趙璇熙)를 대표적인
사례로 들 수 있다. 곧 그는 1916년 6월 30일에 오경희(吳景熙)·김각
선(金珏善)과 함께 경기도 고양군 은평면에 소재한 금광 179,792평을
비롯하여 1916년 7월 26일에 단독으로 충청남도 부여군 세도면 소재
금광 317,392평, 1916년 12월 6일에 백영은(白永殷)과 함께 평안북도
태천군 서읍내면 소재 흑연광 391,748평, 1917년 8월 22일에 단독으로
함경남도 안변군 서곡면 소재 금광 567,290평에 대한 광업권을 허가를
획득하였다.[67]

　영업을 통해 얻은 수익을 토지 매입에 투자하는 것 또한 활발하였
다. 그들 가운데 특히 일제시기 및 해방 후 대지주 명단에 이름이 오
른 경우가 있어 주목된다. 이를 표로 정리하면 다음과 같다.

66　이상의 경력들은 특별히 각주로 표기한 부분을 제외하고는 『조선상업총람』과 『朝
　　鮮銀行會社組合要錄』의 기록을 참고하여 작성한 것이다.
67　『조선총독부관보』 1916년 7월 29일 ; 1916년 8월 17일 ; 1916년 12월 16일 ; 1917년
　　9월 7일

〈표 4〉 대지주가 된 상점 상인 명단과 토지 규모

이름	주소	토지소재지	토지규모 (단위: 町步)		조사 시점
金元植	京城府 瑞麟町 127	여주군	답	58	1937년 6월말
			전	9	
			합계	67	
金濟鉉	京畿 平澤郡 平澤邑 平澤里 138	미상	미상*		농지개혁 당시
金昌煥	京城府 蓬萊町 3-51	파주군	답	25	1937년 6월말
			전	12	
			합계	37	
金泰熙	京城府 茶屋町	가평군	답	36	1937년 6월말
			전	55	
			합계	91	
金顯濟	京城府 觀水町 65	여주군	답	13	1937년 6월말
			전	8	
			합계	21	
		이천군	답	55	
			전	13	
			합계	68	
		안성군	답	37	
			전	49	
			합계	86	
閔弘植	京城府 太平洞 3-106	김포군	답	27	1937년 6월말
			전	4	
			합계	31	
朴淳亨	京城府 漢南町 486	여주군	답	40	1937년 6월말
			전	6	
			합계	46	
具昌祖	仁川府 龍里 202	홍성군· 예산군	답	205	1930년 말
			전	8	
			기타	2	
			합계	215	
朱命基	仁川府 柳町 16	부천군	답	117	1937년 6월말
			전	25	
			합계	142	
	仁川市 內洞 131	미상	전	88.3	농지개혁 당시
			답	5.5	
			합계	93.8	

金泰浩	平北 博川郡 嘉東面	박천군·정주군	답	137.58	1930년 말
			전	74.27	
			합계	211.85	
王世珏	開城府 南本町 223	개풍군	답	24	1937년 6월말
			전	8	
			합계	32	
		장단군	답	37	
			전	26	
			합계	63	

출전: 韓國農村經濟硏究院, 1985 『農地改革時 被分配地主 및 日帝下 大地主 名簿』, 韓國農村經濟硏究院, 20쪽, 26쪽, 85쪽, 87쪽, 90쪽, 93쪽, 97쪽, 103쪽, 110~112쪽, 154쪽, 212쪽.
* 정확한 토지 규모는 알 수 없지만 해당 자료에서 경기도는 20정보 이상의 지주만 기재했으므로 김제현도 최소 20정보 이상은 가지고 있었던 것으로 추정된다.

　더하여 김원수(金元洙), 김응선(金應善), 박의겸(朴宜謙), 박흥화(朴興化), 이기영(李基英), 이만석(李萬錫), 이만응(李晩應), 임상홍(林尙弘), 임여실(林汝實), 장량한(張亮漢), 장영석(張永錫), 정덕현(鄭德鉉), 한흥식(韓興植), 홍민섭(洪敏燮) 등 총독부로부터 국유지 및 국유임야를 대부받아 개발에 착수하였던 인물도 상당수 있었다. 자료가 충분치 않아 정확한 비중은 확인할 수 없지만 상대적으로 자본 규모가 적었던 상점 상인들 또한 상층자본가들과 마찬가지로 축적한 자본을 토지 매입에 투자하는데 매우 적극적이었음을 짐작해 볼 수 있다.[68]

　이상에서 보듯이 상점 상인들 중 일부는 상점 경영으로 얻은 자본을 바탕으로 상점 상업 단계에서 한걸음 더 나아가 근대적인 회사나 공장을 설립하거나 광업이나 농업 등 다른 산업에 투자하는 등 경제적 활동영역을 넓혀나가는 경우가 있었다. 이러한 면모는 적어도 이 시기까지는 중소자본가라도 제한되나마 개인적인 경제적 성장의 길이

68 상점 상인들의 토지 투자 현황을 온전히 파악하기 위해서는 각 지역 토지관계 문서를 수집·정리하는 작업이 선행되어야 하는데, 이는 지난한 작업을 요구하는 바이기에 그 구체적인 전모에 대해서는 별도의 논고를 기약하고자 한다.

완전히 불가능하지는 않았다는 것을 보여준다고 할 수 있다.

물론 식민지 현실 속에서 성공의 길은 식민권력과 일정한 관계를 수립해야만 가능한 것이었고 이는 상점 상인들도 마찬가지였다. 앞서 확인했듯이 『조선상업총람』에 수록된 상점 상인 가운데는 계몽운동에 참여했던 교사나 지식인 출신들이 있었고 그밖에도 많은 숫자는 아니지만 각종 학회의 회원이거나 사립학교 설립에 직간접적으로 참여한 인사들도 상당수 있었다.[69] 예컨대 함흥에서 포목점을 운영하면서 사립대창야학교와 숙정여학교를 설립하고 각각 교감과 교장직을 맡으면서 학교 재정을 책임졌던 김문선(金文善)[70]이나, 평남 중화군에서 자선당(慈善堂)이란 이름의 제조 약방을 운영하면서 평양대동학교 재정의 전권을 맡았다던 김석윤(金錫胤)과 같은 경우를 들 수 있다.[71] 또 군수로 재직하면서 부임지에서 계몽활동을 전개하다가 병합 이후 상업에 투신하여 포목상인으로 변신한 유진철(俞鎭哲)과 같은 사례도 있었다.[72]

하지만 병합 이후 상점 상인들의 활동은 식민권력과의 관계 속에서 조금씩 성격이 달라지게 되었다. 곧 1907년부터 서울에서 지물포를 운영하던 김성환은 1916년 2층 양옥으로 가게를 신축하고 정식으로 상호등록을 하면서 귀족 및 총독부 관리, 실업가 등 300여 명을 초대하여

---

69 『조선상업총람』에 수록된 상점 주인 가운데 계몽운동시기 학회에 회원 및 찬성원 등으로 가입한 이력이 확인되는 인물은 다음과 같다.
 대한자강회-金斗基, 朴珪秉, 楊大祿, 鄭斗煥. 서우학회·서북학회-金錫泰, 金應變, 南廷善, 史泰均, 楊大祿, 玉東奎, 崔元變. 기호흥학회-李源生, 鄭斗煥. 대한협회-獨孤烈, 徐元泰, 楊大祿, 玉東奎, 李源生, 秦淳鳳. 태극학보-盧麟奎, 劉兢烈, 李尙林. 대한흥학회-獨孤烈.
70 『조선상업총람』 부록, 152쪽
71 『조선상업총람』 부록, 105쪽
72 『조선상업총람』 부록, 20쪽 ; 「鐵山郡守俞鎭哲氏」『황성신문』 1906년 7월 23일 ; 「本府尹俞鎭哲氏가 鉄山郡守在任時에」『대한매일신보』 1908년 4월 1일

성대한 낙성식을 여는 한편, 대정친목회에서 주최하는 남만주 시찰단에
참가 신청을 하는 등의 식민권력을 의식하는 행보를 보이기 시작했다.[73]
도로건설, 학교 운영, 교량 공사 등 총독부의 각종 사업에 토지나 자
금을 기부하고 목배를 받은 자들도 있었다. 앞서 행상에서 시작하여
상점 상인을 거쳐 근대적인 기업가로 성장하는 사례 중 하나로 언급
했던 구창조는 도로와 면사무소 설립에 토지 및 자금을 기부하여 총
독부로부터 2차례 목배를 받은 바 있으며, 일본적십자사 조선본부 총
회에서 특별사원으로 추천받기도 하였다.[74] 일부에서는 경기도 장관
으로부터 3.1운동 진정에 공로가 있다는 평을 받은 경기도 고양군 포
목상점 주인 차순식(車舜植)과 중추원 참의까지 임명된 평양 순천병
원 주인 강병옥의 사례처럼 보다 적극적인 친일행적을 보이는 경우도
있었다.[75] 이러한 사례는 아직 일부에 불과하였지만 향후 식민지 경제
체제의 변동·심화 과정 속에서 점차 확산되어 나갈 것이었다.

맺음말

지금까지 1910년대 상점 상인의 존재형태와 동향을 살펴보았다.
1910년대 조선인 자본가층의 존재형태와 관련하여 기왕의 연구들에서
는 주로 회사와 공장을 중심으로 검토가 이루어졌고, 때문에 중소자
본가들의 존재형태에 대해서는 상대적으로 충분한 구명이 이루어지지

---

73 「紙物商會落成 盛宴」『매일신보』1917년 1월 9일 ;「滿洲視察과 有志」『매일신보』
1917년 3월 30일
74 『조선총독부관보』1915년 10월 5일 ; 1916년 11월 16일 ; 1917년 7월 10일
75 「騷擾ニ關スル件報告」『大正八年 騷擾事件ニ關スル道長官報告綴 七册ノ內六』
1917년 5월 23일

못하였다. 이는 무엇보다 자료의 한계에 기인한 바가 컸는데 본고에서는 이를 『조선상업총람』 부록에 실려 있는 상점 목록을 바탕으로 통계 분석을 시도함으로써 극복해보고자 하였다.

『조선상업총람』에 실린 상점의 주인들은 대체로 시전상인이나 경강상인과 같은 전통적인 유력 상인들과는 결을 달리하는 자들로 근대 이후 개항장의 형성과 포구 무역의 발달을 기반으로 형성된 신흥상인 세력이었다. 그들은 소자본 내지 무자본으로 출발하여 수년 내지 십수 년간 상공업에 종사하며 경험과 작은 자본을 마련한 뒤 대한제국의 무력화로 중소상공인에 대한 특권세력 및 상층상공인들의 통제력이 약화되는 러일전쟁 이후 시기 또는 한일병합 이후 시기에 독립하여 상점을 차린 후 적응에 성공한 인물들이었다.

그들이 운영한 상점은 '상업용 상점'이 266개, '공업용 상점'이 62개, '금융 상점'이 4개, '기타 상점'이 36개였다. 1910년대에는 제1차 세계대전의 발발로 인한 수입품 두절을 계기로 수입대체시장이 형성되고 거기에 무역수지 문제를 개선하기 위해 총독부가 추진한 수출용 상공업 육성정책이 더해짐에 따라 조선에서도 제한적이나마 공업화가 이루어지고 조선인들의 공업 투자도 서서히 늘어나고 있었다. 상점 업종 구성에서 확인되듯이 신흥 중소자본가들이 주축이 된 상점 상인들에서도 이러한 시대적 상황에 조응하여 공업용 상점이 상당수 개설되었지만 그래도 주축은 여전히 상업이었다.

세부 업종 구성을 보면 상업용 상점과 공업용 상점 모두 소수 업종에 편중되어 있었다. 상업용 상점은 객주업, 잡화점, 무역상점, 포목점 등 4종이 전체 상업용 상점의 약 71%를 차지하고 있었고, 공업형 상점의 경우 제조 약방과 신발 제조점이 전체 공업용 상점의 절반 가까이 이르고 있었다. 이러한 업종 편중 현상은 식민지배의 충격에 대응하

기 위한 조선인 상공업 자본가들의 생존전략에 기인한 것이었다. 곧
이 시기 조선의 상공업자들은 보호국화 이래로 일본 상인의 상권침투
가 점점 확대되고 무역에서도 대일의존도가 심화되어가는 상황을 맞
이하여 크게 두 가지 방식으로 대응하였는데, 하나는 일본자본주의의
하위 파트너로 편입되어 이익과 생존을 도모하는 것이었고 다른 하나
는 일본자본주의의 진출이 상대적으로 약한 분야를 중심으로 전문
화·집중화하는 것이었다. 식민지 무역구조에 상품수급과 판매를 일
정 부분 의존하는 무역상점과 포목점 등이 전자에 해당한다면, 일본의
상권침투가 아직 충분히 진행되지 않은 지역을 중심으로 상권을 유지
하였던 객주업이나 잡화점, 일본 상인과의 경쟁이 거의 없었던 제조
약방, 제조 약방이나 의식주의 하나로 폭넓은 수요를 가지는 동시에
비싼 가죽 구두를 대신 값싼 경제화를 개발한 덕에 상권을 유지할 수
있었던 신발 제조점 등이 후자의 경우에 해당한다고 할 수 있겠다.

　1910년대 상점 상인의 존재형태에서 가장 주목되는 점은 상품의 수
급과 판로를 둘러싸고 다양한 입장 차이가 존재하였다는 것이다. 이
는 크게 5가지 유형으로 분류할 수 있는데 ①조선에서 생산해서 조선
으로 판매하는 유형, ②조선에서 생산해서 일본으로 판매하는 유형,
③조선에서 생산해서 중국에 판매하는 유형, ④일본에서 생산된 것을
조선으로 판매하는 유형, ⑤중국에서 생산된 것을 조선으로 판매하는
유형이 바로 그것이다. 이를 통해 병합 이후 식민지 경제정책으로 인
한 유통구조의 변화와 대외무역의 팽창 속에서 상층자본가들뿐만 아
니라 중소자본가들 또한 점차 경제적 존재형태가 분화되고 있음을 확
인할 수 있었다.

　한편 상점 상인들 중 일부는 상점 경영으로 얻은 자본을 바탕으로
이후 상점 상업 단계에서 한걸음 더 나아가 근대적인 회사나 공장을

설립하거나, 광업이나 농업 등 다른 산업에 투자하는 등 경제적 활동 영역을 넓혀나갔다. 이러한 면모는 적어도 이 시기까지는 중소자본가라도 제한되나마 개인적인 경제적 성장의 길이 완전히 불가능하지는 않았다는 것을 보여준다고 할 수 있다.

물론 식민지 현실 속에서 성공의 길은 식민권력과 일정한 관계를 수립해야만 가능한 것이었고 이는 상점 상인들도 마찬가지였다. 식민 지배하에서 사업을 확장하고 성장을 이어나가는 과정에서 그들은 점차 식민권력을 의식하고 각종 식민사업에 동원되었다. 아예 적극적인 친일행보를 보이는 인물도 있었다. 이러한 사례는 아직 일부에 불과하였지만 향후 식민지 경제체제의 변동 · 심화 과정 속에서 점차 확산되어 나갈 것이었다.

이상에서 확인한 1910년대 상점 상인의 존재형태 특징과 동향이 식민권력과 식민지 경제정책에 대한 그들의 인식과 대응에 어떻게 반영되는지, 나아가 1920년대 경제 · 사회운동과 어떻게 연결되는지 그 과정에 대한 구체적인 검토는 추후의 과제로 넘기고자 한다.

참고문헌

『개벽』『대한매일신보』『동아일보』『매일신보』『삼천리』『조선일보』『조선총독부관보』『황성신문』

노상균, 2022『한말 일제초 상공업 자본가의 분화와 식산흥업론』, 연세대학교
　　　사학과 박사학위논문
양정필, 2012『근대 개성상인의 상업적 전통과 자본 축적』, 연세대학교 사학과
　　　박사학위논문
오미일, 2002『한국근대자본가연구』, 한울
오미일, 2015『근대 한국의 자본가들』, 푸른역사
유승렬, 1996『한말·일제초기 상업변동과 객주』, 서울대학교 국사학과 박사학
　　　위논문
전우용, 2011『한국 회사의 탄생』, 서울대학교출판문화원

大垣丈夫 編纂, 1913『朝鮮紳士大同譜』, 朝鮮紳士大同譜發行事務所
梶川半三郞, 1911『實業之朝鮮』, 資源硏究會
竹內錄之助, 1915『朝鮮商業總覽』, 內外商品新報社
中村資良,『朝鮮銀行會社組合要錄』, 東亞經濟時報社 각년판

김인호, 1999「일제초기 조선공업의 '과도기 자본주의'적 특징」『한국근현대사연
　　　구』10, 한국근현대사학회
이경훈, 2004「『학지광』의 매체적 특성과 일본의 영향 1」『대동문화연구』48, 성
　　　균관대학교 대동문화연구원
이영학, 1997「대한제국의 경제정책」『역사와 현실』26, 한국역사연구회
조재곤, 2010「대한제국 식산흥업정책과 상공업기구」『한국학논총』34, 국민대
　　　학교 한국학연구소
한기형, 2004「근대잡지와 근대문학 형성의 제도적 연관-1910년대 최남선과 죽
　　　내록지조(竹內錄之助)의 활동을 중심으로」『대동문화연구』48, 성균관
　　　대학교 대동문화연구원

허수열, 1994「식민지경제구조의 변화와 민족자본의 동향」, 강만길 외,『한국사 14』, 한길사

홍성찬, 2015「일제하 서울 종로상인의 자산운용－1910, 20년대 수남상회의 자료를 중심으로－」『동방학지』170, 연세대학교 국학연구원

小野容照, 2020「植民地朝鮮における竹內錄之助の出版活動：武斷政治と朝鮮語雜誌」『史淵』157, 九州大学大学院人文科学研究院歴史学部門

〈부표〉

『조선상업총람』 수록 조선인 상점상인 명단

상점명(업종명)	주인명	지역	상점명(업종명)	주인명	지역
永昌堂大藥房	崔聖弼	경성	林屋洋服店	林昌根	경성
京城鐘路立廛六房	柳在明	경성	朝鮮鞋店	全英根	경성
濟生堂本舖	金濟鉉	경성	德興號質屋	金鵬南	경성
本新房	徐相游	경성	布木商店	太儀善	경성
和順昌	吉仁洙	경성	廣興木物商店	金元益	경성
宜信藥房	朴宜卿	경성	米廛	金永學	경성
紙物書畫舖	劉駿植	경성	洋靴店	彭鍾聲	경성
友助堂	宋在榮	경성	朴容宜洋靴店	朴容宜	경성
乾材藥局	李景七	경성	材木商店	田豊圭	경성
紙物商店	吳基楨	경성	亨鎭洪布木商店	俞鎭哲	경성
品紙商店	鄭斗煥	경성	同和商會	吳在衡	경성
綢緞布木商店	金圭欽	경성	鐵物商店	趙泰桓	경성
廣惠堂大藥房	姜斗永	경성	模範賣藥商會	李玉仁	경성
鐵北商店	李完鍾	경성	和洋雜貨店	金德奎	경성
大東印刷所	金弘奎	경성	布木商店	朴承稷	경성
共興商店	太溶基	경성	洪順泰號	朴珪秉	경성
共和堂大藥房本舖	崔興模	경성	布木商店	崔仁成	경성
布木商店	劉兢烈	경성	材木商店	李東根	경성
永源商店	張基肇	경성	物商客主	趙學元	경성
廣興泰	朱性根	경성	昶華舘石版印刷所	金錫泰	경성
和商會	吳在暎	경성	布木店	崔俊煥	경성
金德昌染織工所	金德昌	경성	木物店	金敬根	경성
漢陽商會	劉秉璉*	경성	壽南商店	金泰熙	경성
普信堂時計舖	玄錫柱	경성	三光精米所	孫完黙	경성
紙物商	金瑢鎭	경성	共信堂大藥房	崔鴻昌	경성
京華堂	趙璇熙	경성	紙物舖	金聖煥	경성
喜多洋靴店	鄭柱鉉	경성	物品客主店	禹漢玉	경성
德昌號自轉車部	申德鉉	경성	布木店	金元植	경성
共愛堂大藥房	朴容桓	경성	三通商會	柳廷烈	경성
材木商店	金春壽	경성	物商客主業	趙一顯	경성
朴德裕洋靴店	朴德裕	경성	天乙號貰物店	金秉燮	경성

상점명(업종명)	주인명	지역	상점명(업종명)	주인명	지역
普濟藥局	鄭鍾岐	경성	京城鐘路 立廛花草房	徐相源	경성
物商客主兼旅舘	鄭龍植	경성	順昌洋靴店	愼允範	경성
雜貨商店	梁柱玹	경성	牛皮牛油買入店	金奉根	경성
材木商店	廉達潤	경성	果物商店	李建埴	경성
毛物商店	成基淳	경성	油燈商店	池在源	경성
物商客主店	李尙林	경성	物商客主店	金相憲	경성
東美書市	李容漢	경성	以文堂	李漢生	경성
布木店	閔弘植	경성	大平洋服店	徐相八	경성
材木商店	朴泰慶	경성	明隅藥局	卓洛瑞	경성
泉歲屋商店	李英植	경성	材木商	金昌煥	경성
普及書舘	金商鶴	경성	廣信材木店	李圭奭	경성
共完堂	姜濟完	경성	三友洋服店	朴勝勳	경성
黃金堂大藥舖	劉致玉	경성	人力車販賣所	金陳三	경성
永仁昌	張永錫	경성	朝鮮材木商會	安昌默	경성
紙印堂印刷所	李命奎	경성	朝鮮鞋店	金涯然	경성
九鼎商會	金潤錫	경성	京城中央洋靴店	金英淳	경성
海物商	全英祿	경성	市場果物委託業	金銀植	경성
普書舘	金相奎	경성	海物商	金昌容	경성
東床店	白仁和	경성	布木雜貨店	韓世顯	경성
義信商店	孫永億	경성	和洋鐵物店	姜昌根	경성
立廛布木店	白潤洙	경성	利順昌商店	金顯濟	경성
布木店	韓維鎭	경성	補精堂	金奎燦	경성
百草堂大藥房	金敎昌	경성	朴基昶乾材藥局	朴基昶	경성
和平堂本舖	李應善	경성	合同普興運輸組	尹晶錫*	경성
廣濟藥房	金重默	경성	貿易商店	高允默	고양군
材木商店	孫聖武	경성	貿易商	李宗默	고양군
材木商店	徐元植	경성	貿穀商店	李承駿	고양군
穀物商	李慶來	고양군	柴炭店	李惠煥	인천부
貿穀商店	朴淳亨	고양군	材木店	吳榮珣	인천부
委託及買賣商	金彌濟	고양군	洪濟藥房	崔楨	수원군
精米所	李晩應	고양군	水原鐵工組合	吳性善	수원군
布木商店	車舜植	고양군	洪敏燮布木店	洪敏燮	수원군
薪炭商	朴致茂	고양군	水原染織組合工所	李聖儀	수원군

상점명(업종명)	주인명	지역	상점명(업종명)	주인명	지역
柴炭商店	李愚明	고양군	洪健燮布木商店	洪健燮	수원군
金鎭漢書店	金鎭漢	파주군	布木商店	尹洪植	포천군
瑞興泰吳服店	朱明瑞	인천부	布木鐵物商	金永福	포천군
和洋雜貨店	朱命基	인천부	姜明玉自轉車舖	姜明玉	개성군
吳服店	全源根	인천부	金永煥紙廛	金永煥	개성군
物商客主店	李聖模	인천부	紙物商店	李世元	개성군
吳服店	鄭順澤	인천부	乾油鞋商店	金英植	개성군
勸業所	金成玉	인천부	鐵物店	朴峻浩	개성군
物商客主店	李於興	인천부	崧南書館	李元伯	개성군
魚商組合所	鄭興澤	인천부	大昌洋靴店	具本實	개성군
合順泰改良靴店	朱東健 李盛園	인천부	松南舘	金今鳳	개성군
吳服店	尹宇燮	인천부	雜貨商	朴貞益	개성군
吳服店	金斗基	인천부	靑布廛	金圭鏞	개성군
物商客主店	許成實	인천부	鮮美菓子製造所	姜周卿	개성군
物商客主店	金世卿	인천부	中京菓子製造所	韓應敎	개성군
物商客主	尹衡叔	인천부	陶器·洋燈·金物· 木類商	秦炳顔	개성군
貿穀店	具昌祖	인천부	開城菓子製造所	李奎煥	개성군
仁誠號	朴相夏	인천부	信昌洋靴店	孫啓中	개성군
物商客主店	安浩然	인천부	白在日商店	白在日	개성군
物商客主店	李平汝	인천부	綢緞布木商	林英洙	개성군
東元書店	金明潤	인천부	布木商	張成漢	개성군
仁川龍洞精米所	張世益	인천부	米穀商店	崔增祥	개성군
物商客主店	朴永文	인천부	萬物商店	尹德源	개성군
材木店	劉君星	인천부	直輸入御商	徐榮珍	개성군
綢緞布木商	金昌勳	개성군	京城同和藥房 道支店	宋尙愈	평양부
松露本店	孫友在	개성군	平壤染織所	張永翰	평양부
齒術院	李熙瑞	개성군	壽山病院	黃錫淸	평양부
綢緞布木商	金奎燮	개성군	化春堂大藥房	奇永學	평양부
東一菓子製造所	趙明根	개성군	喜生病院	邊麟喜	평양부
齒科院	崔益本	개성군	穀物委託販賣	鄭紀鉉	평양부
開興旅舍	韓興植	개성군	順天病院	康秉鈺	평양부
綢緞布木店	金秀殷	개성군	化春病院	崔龍化	평양부

상점명(업종명)	주인명	지역	상점명(업종명)	주인명	지역
楊佑澈商店	楊佑澈	개성군	普仁堂藥房	金東遠	평양부
白蔘商	張亮漢	개성군	箕城病院	金鳳天	평양부
海東印刷所	河承烈	개성군	辯護士	李基燦	평양부
鮮明染織工場	尹昌洙	개성군	濟世病院	趙益洵	평양부
崧陽旅館	劉福源	개성군	大成舘料理店	康愈文	평양부
崧文舘印刷所	孫健泰	개성군	法橋局	金壽哲	평양부
李珏均商店	李珏均	개성군	箕城寫眞舘	金永善	평양부
物貨客主	朴相股	개성군	辯護士	李東初	평양부
金永煥商店	金永煥	개성군	辯護士	洪冕憙	평양부
全大同運送部	尹東植	개성군	辯護士	金應變	평양부
開城社	金益煥	개성군	辯護士	洪在祺	평양부
貿易商	李淳健	사리원	辯護士	姜世馨	평양부
黃海病院	姜昌梧	사리원	辯護士	文鳳儀	평양부
貿易商	張世堝	사리원	景河病院	李景河	평양부
布木店	崔潤植	사리원	聞天藥院	楊大祿	평양부
布木商店	崔秉恒	사리원	辯護士	李熙撤	평양부
金淳貞客主	金淳貞	사리원	辯護士	宋振玉	평양부
債商	朴宜謙	사리원	辯護士	玉東奎	평양부
丸小屋洗濯所	林泰華	평양부	辯護士	金鎭厚	평양부
山海自轉車商店	金志重	평양부	春圃藥房	盧麟奎	평양부
日新堂大藥房	金正商	평양부	泰和病院	金浩淵	진남포
光明書觀	金燦斗	평양부	義信堂藥房	李元淳	진남포
蔡元瑞商店	蔡元瑞	중화군	雜貨店	奇益俊	철원군
禹應善藥房	禹應善	중화군	雜貨店	池昌淵	철원군
齒科專門院	金啓淵	중화군	鐵物商店	金德敏	철원군
慈善堂藥房本舗	金錫胤	중화군	雜貨商店	尹尙植	철원군
新式鐵工物品製造所	朴承模	안주군	雜貨商店	李圭瑋	평강군
姜得弼鐵工場	姜得弼	안주군	運送兼旅館	林汝實	평강군
西湖醫院	李珍河	안주군	平興合名運輸組	白南熙	평강군
安陵菓子商店	尹致堯	안주군	布木商店	李萬錫	평강군
平南醫院	安奭	안주군	雜貨商店	姜大化	평강군
廣濟醫院	安氤	안주군	雜貨店	孫鍾洙	평강군
濟衆醫院	金國卿	안주군	日鮮材木商會	金在鎬	원산부

상점명(업종명)	주인명	지역	상점명(업종명)	주인명	지역
獨孤烈商店	獨孤烈	신의주	信昌質屋	廉興植	원산부
東順昌	金尙順 金昌根	신의주	雜貨商店	秦淳鳳	원산부
東泰昌	李泰永	신의주	雜貨商店	林根浩	원산부
新興商店	朴志篆	신의주	物商客主	崔東本	원산부
永興商店	崔允燮	신의주	菓子商	李昌曄	원산부
緞屬布木商	邊志明	신의주	物商客主	南廷善	원산부
同義商店	吳祥滿	신의주	海陸産物商店	金元輯	원산부
客主	金龍涉	신의주	海陸物産店	徐元泰	원산부
新義州수運送部	金漢奎	신의주	米穀店	李春植	원산부
新義病院	金錫厚	신의주	鄭岐鳳商店	鄭岐鳳	원산부
救世病院	申昌熙	신의주	李道淳商店	李道淳	원산부
新安醫院	金奇濟	정주군	物商客主	洪鍾浩	원산부
大成醫院	李敬埴	정주군	親濟藥房	金東薰	원산부
裕盛堂洋藥局	李健柱	정주군	洋襪織造所	金泰浩	원산부
仁濟病院	朱賢則	선천군	物商客主	鄭雲弼	원산부
貿易商店	李淵洙	철원군	貿易商	劉昌和	원산부
雜貨商店	金昌胤	철원군	雜貨商店	全昌協	원산부
漢藥種商	卜錫圭	철원군	物商客主	史泰均	원산부
雜貨商店	王世珏	철원군	張一藥房	張一	원산부
雜貨商	金正淵	원산부	布木商店	金文善	함흥군
乾油鞋店	李駿來	원산부	布木商店	李燮贊	함흥군
布木店	金泳苾	원산부	布木商店	金應善	함흥군
崔容弼商店	崔容弼	원산부	進成活版所	韓象輝 黃鍾律	함흥군
浩然堂寫眞舘	安敦夏	원산부	咸吉商店	楊闡根	함흥군
物商客主	徐駿聖	원산부	金德昌商店	金炳离	함흥군
物商客主	朴東炫	이원군	三星洋靴製造店	李基英	함흥군
物商客主	朴興化	이원군	金孝聲商店	金孝聲	함흥군
物商客主	安啓律	이원군	客主店	朴錫勳	북청군
魚商	姜承國	이원군	雜貨商	姜載根	단천군
雜貨商	黃龍淵	이원군	物商客主	金鳳官	단천군
雜貨商	申錫憲	이원군	雜貨商	金晩洙	단천군
韓田商店	金敏赫	이원군	雜貨商	金元洙	단천군

상점명(업종명)	주인명	지역	상점명(업종명)	주인명	지역
物商客主	李在謙	이원군	物商商業會社	李泰郁	성진군
共同市場	徐康五	이원군	物商客主	鄭元植	성진군
魚商	金基相	이원군	物商	崔弘敬	성진군
德興商店	鄭德鉉	홍원군	物商	金相珝	성진군
共誠商店	林尙弘	홍원군	物商	李亨燮	성진군
昌興商店	姜河龜	홍원군	雜貨商店	金景五	성진군
雜貨各種	劉鳳弼	홍원군	城津染織組合所	李廷弼	성진군
雜貨商店	金基豊	함흥군	雜貨兼物商客主	金永術	성진군
運送兼客主	崔海龍	함흥군	物商	金南植	성진군
咸興商業會議所	崔鶴信	함흥군	物商客主	高云奉	성진군
咸興商業會議所	金升灝	함흥군	物商	朴基哲	성진군
咸興商業會議所	張錫晉	함흥군	物商兼雜貨店	朴根厚	성진군
藥種商	高敬必	함흥군	物商	李東七	성진군
貿易商店	楊順根	함흥군	物商客主	金遠檜	성진군
雜貨商店	崔鳳元	함흥군	雜貨商	李鍾純	성진군
雜貨商店	金錫炫	함흥군	物商客主	金昌觀	성진군
東洋生命保險會社代理店	趙重鎬	함흥군	物商	林瑞潤	성진군
物商	朱景云	성진군	雜貨商店	金學善	성진군
雜貨商店	韓基南	성진군	物商兼雜貨商	朴成五	성진군
藥局	李秀永	성진군	物商	金應九	성진군
雜貨商店	李宗哲	성진군	廣興藥局	崔元燮	성진군
和洋雜貨店	金龜洛	성진군	金景佑商店	金景佑	성진군
貿易商店	康日元	성진군			

출전: 『朝鮮商業總覽』 附錄
주1: 상점명(업종명) 항목은 『조선상업총람』에 기재된 바를 그대로 기록한 것이다.
주2: *표시는 『조선상업총람』에 주인명이 누락되어 있어 신문기사로 주인을 확인한 경우이다.

동양방적 세 소녀 이야기

강제동원의 시작과 끝

• • •

이 상 의

인천대학교

동양방적 세 소녀 이야기
강제동원의 시작과 끝

머리말

동양방적은 한국 노동사와 섬유사에서 잘 알려진 동일방직주식회사의 전신이다. 일본 오사카에 본점을 둔 대기업 동양방적이 1933년 조선으로 진출하여 지점을 냈으며,[1] 일제 말기에는 군수품 제조업체로서 다수의 아동을 강제동원하여 일본이 당시에 가입해 있던 ILO의 협약을 위반한 대표적인 장소이기도 하다.[2]

---

[1] 東洋紡績株式會社는 일제강점기 조선의 4대 방직업체 중 하나였으며, 해방 후 적산으로서 국유관리기업체인 동양방적공사로 운영되다가 1955년 민간에 불하되었다. 이를 불하받은 서정익은 일본 나고야고등공업학교 방직학과를 졸업하고 1933년 동양방적 인천공장 창설 사원으로 입사했으며, 중국에 머물다가 1946년 재입사하여 동양방적 차장, 공장장을 거쳐 1978년까지 이사장을 지냈다. 이후 그의 아들 서민석에 이어 손자 서태원이 3세 경영을 하고 있다. 동양방적은 1966년 동일방직주식회사로 사명을 변경하였고, 2019년 다시 DI동일로 변경하였다.(東一紡織株式會社, 1982『東一紡織社史』, 三和印刷株式會社 ; 徐文錫, 1997「歸屬 綿紡織工場의 設立과 變化類型에 관한 硏究」『經營史學』 16 참조)
동양방적은 1934년 동아일보에 연재된 강경애의 소설「인간문제」에 대동방적으로 등장한 배경 장소로도 유명하며, 1970년대 동일방직 여성노동자들의 노동운동은 한국노동운동사의 상징적인 사건으로 널리 알려져 있다.

1930년대 동양방적을 비롯한 일제하 면방 대기업의 노동조건에 대해서는 강이수와 김경남의 연구가 진행되어 있고,[3] 아·태전쟁기의 조선인 여성 강제동원에 대해서는 김미현과 김미정의 연구가 진행된 바 있다.[4] 그런데 동양방적을 비롯하여 전시하 군수품 생산에 큰 비중을 차지했던 방직·방적업체의 강제동원에 대한 연구는 거의 진행되지 않았고, 동원자의 명단이나 규모도 파악되지 않았다. 기업 측 자료인 동양방적의 사사(社史) 『동양방적칠십년사(東洋紡績七十年史)』 등에도 강제동원 관련 내용은 전혀 서술되어 있지 않다. 따라서 일제 말기 동양방적의 강제동원은 물론이고, 운영과정과 규모, 작업장 구성, 노동조건 등 구체적인 내용을 파악하기가 쉽지 않다. 이 같은 사정으로 인해 필자는 일제 말기 동양방적으로 동원된 사람들 중 2005년 이후 일제강점하강제동원피해조사위원회에 피해신고서를 접수한 명단을 확보하고, 그중 대면이 가능한 사람들을 찾아가 그들의 구술 채록을 진행하였다.

필자가 만난 구술자들은 공통적으로 무학의 고령 여성으로, 딱히 적을만한 주요 활동이나 이력 사항이 없는 사람들이었다. 이들은 20세기 전반 한국 사회에서 여성으로 태어나고 자라면서 제도 교육의 혜택을 받지 못했고, 사회적으로 드러나는 활동을 할 기회가 적었던 당시 다수의 한국 여성과 다르지 않은 일생을 살아왔다. 그런데 면담에 임하는 이들의 태도는 적극적이었고, 이들이 전해주는 내용은 풍부하고 선명했다. 동원 과정에서부터 노동 현장의 모습, 공장 생활, 해방 후 귀가 과정에 이르기까지 이들은 근 80년 전 어린 시절의 지독한 경험을 그림처럼 생생하게 기억하고 있었고, 또박또박 전달해 주었다.

본고에서는 이들에게서 얻은 구술 채록 결과물을 활용하여 동양방적에서 행해진 강제동원의 실상을 규명하고 이를 통해 일제지배 말기 군수산업 부문의 강제동원 실태를 고찰하고자 한다.[5] 1장에서는 우선 문헌자료를 활용하여, 일본의 대기업 동양방적이 조선으로 진출한 이유와 진출 과정을 살펴보고, 전시체제하에 조선에서 군수회사가 점차 확대되는 가운데 동양방적의 사업도 확장되어 간 과정에 대해 고찰한다. 이어 2장에서는 구술자료를 활용하여 행정기관에 의해 민간기업 동양방적으로 여성, 그중에도 아동을 중심으로 노무자들이 강제동원되어 작업장에 배치되는 과정을 살펴보고, 작업장 내부의 분위기와 노동과정, 노동현장의 규율에 대해 알아본다. 3장에서는 강제동원된 노무자의 식생활, 기숙사생활, 질병 등의 일상과 공장의 공간구성에 대해 규명한다. 아울러 이들이 해방을 인지하게 되는 경위와 해방 이후 집으로 귀환하는 과정에서 방치되는 내용을 살펴보고, 강제동원과 일제의 지배 체제에 대한 그들의 인식도 파악하고자 한다.

---

5 필자는 「구술로 보는 일제하의 강제동원과 '인천조병창'」이라는 논문을 통해 아·태전쟁기 국내동원의 대표적인 사례를 구술을 활용해 고찰한 바 있다. 인천육군조병창과 동양방적의 구술 채록 대상자들은 다수가 10대에 동원되었다는 공통점이 있으면서도 주로 남성과 여성, 초등학교 졸업생과 무학자, 군속과 노무자였다는 차이를 가지고 있다.(이상의, 2019 「구술로 보는 일제하의 강제동원과 '인천조병창'」 『동방학지』 188 참조)

이러한 내용이 제대로 규명된다면, 이른바 조선공업화기와 중일전쟁 이후 시기 노동력 동원의 성격을 비교해 볼 수 있을 것이다. 또한 아시아·태평양전쟁기 국내로 동원된 여성과 아동의 강제동원 실태를 규명함으로써 국외로 동원된 성인 남성 중심의 강제동원 연구의 범주를 확대하고, 그 성격을 새로이 파악할 수 있을 것이다. 아울러 그간 축적되어 온 정부 기관의 자료와 필자가 진행한 구술채록 결과를 비판적으로 검토·활용함으로써, 강제동원 노무자들의 생활상과 노동조건에 관한 새로운 역사적 사실을 확보하는 데 일조할 수 있을 것이다.

1. 동양방적의 조선 진출과 확장

1) 동양방적의 조선 진출

1917년 근대적 면방직 공장인 조선방직 부산공장의 설립에 이어, 일본 면방직업은 1930년대 들어 활발히 조선으로 진출하였다. 동양방적(東洋紡績) 인천공장과 경성공장, 종연방적(鐘淵紡績) 광주공장과 경성공장도 이 시기에 진출한 면방 대기업으로서, 근대적이고 기계화된 공정체계로 운영되어 기존 공장 노동과는 다른 생산조직, 노동력 편성, 노무관리 체계 등을 도입하였다.[6]

동양방적주식회사는 일본의 면방 대기업 중 하나로, 1914년 6월 대판방적주식회사(大阪紡績株式會社)와 삼중방적주식회사(三重紡績株式會社)가 합병하면서 창립되었다.[7] 이 시기 일본 방적업자들은 원면의

6 강이수, 1991「일제하 면방 대기업의 노동 과정과 여성 노동자의 상태」『사회와역사』 28 참조.

대부분을 외국에서 수입하고 제품을 만들어 다시 외국시장으로 수출하고 있었다. 이에 방적업자들은 공장설비의 효율을 극대화한다는 명분으로 24시간 기계를 돌리고, 그에 맞추어 노동자를 주야 2교대로 심야작업을 시키는 데서 경쟁력을 찾고 있었다. 1883년 노동자의 심야작업을 처음으로 실시해 생산량을 크게 증가시킨 회사가 동양방적의 전신인 오사카방적이다. 1886년 공장에 전기 조명이 도입되면서 심야작업이 확대되어 이후 일본 방적업계에서는 24시간 노동이 보편화되었다.

이러한 가운데 1911년 3월 28일 일본에서는 공장법을 공포하여 1916년 9월 1일부터 이를 실시하기로 하였다.[8] 법조문에는 15세 미만자와 여성은 오후 10시부터 오전 4시까지 취업시킬 수 없다는 규정이 포함되어 있었다. 그런데 여기에는 '직공을 2조 이상으로 나누어 교대로 작업할 때는 15년간 이 규정을 적용하지 않는다'는 예외 조항이 포함되어 있었다. 면방직업계에 급격한 영향이 미치는 것을 방지한다는 명분으로 마련된 편법이었다. 이 예외 조항에 근거해 방직업계의 이윤을 보장해주던 아동과 여성의 심야노동은 지속될 수 있었다.

한편 이 시기 심야노동을 금지하는 노동법이 국제적으로 확산되어 갔다. 1919년 파리강화회의에서 체결된 베르사이유평화조약에 의해 국제노동기구(ILO)가 창설되었다. 그해 10월 워싱턴에서 제1회 국제노동회의가 개최되었는데, 일본도 이 회의에 참석하였다. 회의에서는 여성과 소년의 심야업 금지가 첫 번째 의제로 상정되었고, 그것이 결의되었다. 그런데 일본에 대해서는 1929년 7월까지는 15세 미만의 소년공

---

7   東洋紡績株式會社 編, 1934 『東洋紡績株式會社要覽 : 創立二十年記念』 연표

8   일반적으로 노동자보호법을 노동법으로 명명했던 것과 달리 일본에서는 공장법이라고 불렀다. 입법의 취지가 어디에 있는지를 엿볼 수 있는 대목이다.

에 한해, 그 이후부터는 16세 미만에 한해 적용하기로 규정하였다. 여기에서도 일본의 방직업은 위기를 비껴갈 수 있었다.

그러나 1920년대 세계적인 사회주의 세력의 확대와 더불어 일본에서도 노동운동이 성장하는 가운데 1923년 공장법 개정 움직임이 일었다. 그 결과 1929년 7월 1일부터는 16세 미만의 경우 오후 11시부터 오전 5시까지의 심야업을 완전히 중단하고, 이들의 노동시간을 하루 11시간 이내로 제한하게 되었다. 이에 일본 방직업계는 하루 18시간을 오전 5시부터 오후 2시까지, 오후 2시부터 오후 11시까지의 2교대제로 구분하여 운영하게 되었다. 각각 30분씩의 휴식시간이 있었는데, 그 시간 안에 식사시간을 포함시켰다.[9]

이 시기 일본 내에서는 방직업 분야의 투자 과잉으로 경쟁이 치열해져, 방직연합회 차원에서 조업단축 결의를 되풀이하고 있었다. 1차 대전 이후 기업들의 설비 과잉과 기업 간 경쟁이 치열해진 결과였다. 이러한 가운데 1931년 일본 정부는 중요산업통제법을 공포하여, 면사 방적업을 비롯한 24종을 중요산업으로 지정하여 통제하기 시작하였다.[10] 공장법 적용에 이어 중요산업통제법이 적용되어 일본 내에서의 조업단축이 불가피해지자, 일본의 방직업 관련 기업들은 규제를 피해 국외 다른 지역으로 진출하는 방안을 모색하게 되었다.

동양방적 역시 일본 내에서 기업 간의 치열한 경쟁과 공장법 적용에 따른 심야업 제한의 규제를 피하기 위해 조선과 만주 등 국외 진출을 모색하고 있었다. 아울러 당시 인도와 영국, 호주 등에서 관세를 지속해서 인상하고 있었으므로 관세의 장벽을 피해 조선과 중국에서 판로를

9 東洋紡績七十年史 編纂委員會, 1953 『東洋紡績七十年史』, 東洋紡績株式會社, 206~214쪽
10 平沢照雄, 1988 「重要産業統制法の成立とその歴史的意義」 『筑波大学経済学論集』 21 참조.

확장하고자 하는 의지도 강했다.[11] 지리적인 이점만이 아니라 면포의
수출량이 많은 지역이었기 때문이다.

조선에서는 19세기 말 일본의 면포를 수입한 이래 해마다 그 규모
가 증가하였다. 1934년 현재 조선의 면직물 수급 상황을 보면, 조선
내 생산량이 약 7천5백 마(碼)인 데 비해 수입은 약 1억 9천6백 마, 수
출은 약 3천7백 마로, 조선 내의 수요고는 약 2억 3천4백 마에 달하였
다.[12] 더욱이 만주로의 수출이 점차 활황을 띠어갔으므로 일본 내에서
는 조선에서의 방직업·방적업을 유망한 사업으로 파악하고 있었다.[13]

이 시기 동양방적이 조선으로 진출한 이유에 대해 1953년에 작성된
『동양방적칠십년사』에서는 다음과 같이 기록하였다.

> 1931년경 조선의 인구는 약 2천만 명이었는데, 남녀 특히 부인은 흰
> 옷을 좋아하고 항상 입었으므로 그 수요가 막대하였다. 동양방적에서는
> 중요한 면포 소비지의 수요에 따르기 위해 진작부터 현지 제조 계획을
> 진행하였다. 조선의 공장은 내지와 달리 공장법이 적용되지 않았으므로
> 야간작업도 지장이 없었고, 노무자의 임금도 내지에 비해 반액 정도면
> 충분했다. 제품 수송도 거리상 매우 편했다. 더욱이 총독부에서의 공장
> 설치에 대한 열성적인 권유가 있었다.[14]

면포의 수요가 막대한 점, 공장법이 적용되지 않아 심야작업이 가
능하고, 임금이 일본의 절반에 불과한 점, 수송비가 절감되는 점, 조선
총독부가 적극적으로 기업유치 방침을 제시하는 점 등을 조선 진출의

11 東洋紡績七十年史 編纂委員會, 1953 앞의 책, 280쪽
12 碼는 야드(yd)와 같은 길이의 단위로, 한 마는 1피트의 세 배인 91.44cm다.
13 「宇垣ズムは呼びかく, 最近内地の資本家が朝鮮の資源に着眼, 特に有望な纖維工業」
     『大阪朝日新聞』1934년 8월 6일
14 東洋紡績七十年史 編纂委員會, 1953 앞의 책, 376~377쪽

이유로 들고 있다. 여기에 점차 면화 수입이 어려워지고 있는 현실에
서, 비중은 작지만 조선에 현지산 면화가 있는 점도 고려되었다.[15] 무
엇보다 수요에 비해 조선 내에 대규모 방직공장이 적다는 현실이 결
정적인 이유가 되었다.

동양방적은 조선에서 몇 곳의 공장건설 후보지를 물색하였다. 그중
인천은 경성에서 가깝고, 통근 가능한 노동력이 풍부하게 존재하였으
며, 항구도시로서 중국으로 수출하기에 수월한 위치에 있었으므로 공
장건설의 적지로 판단되었다. 당시 조선총독부에서는 일본 기업의 조
선 유치를 적극적으로 추진하고 있었고, 각 지역에서도 기업의 운영
에 협조적이었으며 다양한 행정상의 편의를 제공하고 있었다. 1932년
4월 동양방적 측과 인천부윤 마쓰시마 기요시[松島淸, 인천상공회의
소 대표 요시다 히데지로[吉田秀次郎]가 오사카에서 만나 인천에 공장
을 설치하기로 가계약을 맺었다. 이후 인천부윤과 상공회의소 대표가
적극 나서서 인천부회의원의 간담회를 소집하였고, 회의에서는 계약
에 필요한 비용지출 안건을 만장일치로 통과시켰다.[16] 동양방적은 인
천의 서북쪽 끝 만석동 빈 땅에 공장을 짓기로 하고, 5월 만석동 37번
지 일대 2만 8천여 평의 매립지를 매입하여 전격적으로 공사를 시작
하였다.[17]

---

15 1937~41년 동양방적의 원면 소비실적을 보면, 주로 인도면과 미국면을 중심으로
   하는 가운데, 조선면 소비량도 1937년 약 4만 2천 貫에서 1941년 약 24만 2천6백
   관으로 해마다 꾸준히 증가하였다.(東洋紡績株式會社 社史編輯室, 1986 『百年史-
   東洋紡(上)』, 東洋紡績株式會社, 306~307쪽, 422쪽)

16 「東洋紡績仁川工場 設置問題逐實現 十三日府會員懇談會에서 假契約案을 承認」
   『每日申報』 1932년 5월 15일

17 「東洋紡績이 朝鮮工場, 仁川에 設置, 假契約을 締結」『朝鮮新聞』 1932년 4월 24일 ;
   「京畿道, 仁川へ進出する東洋紡績工場敷地問題 十四日仁川府會는 大歡迎裡에 滿
   場一致로原案可決」『朝鮮新聞』 1932년 7월 15일. 한편『東洋紡績株式會社要覽 : 創
   立二十年記念』에서는 1932년 12월 인천공장의 부지 2만 5,945평을 매입했다고 명

工場全景

〈사진 1〉 1934년 인천 만석동에 설립된 동양방적 인천공장 전경(사진엽서)

동양방적 인천공장이 만석동에 위치하게 된 데는 공업용수 문제를 쉽게 해결할 수 있다는 점도 크게 작용했다. 방적공장을 가동하기 위해서는 공업용수가 필수적이었다. 인천부에서는 동양방적 유치를 위해 적극적으로 나서서 수원(水源) 조사를 진행하였다. 1932년 6월 송림리 도축장 부근에서 우물을 파고 수원 조사를 한 결과 80척 깊이에서 하루 2천 석의 물이 나왔다. 인천부에서는 '이곳은 공장 기지로 적당한 곳이고 우물을 다섯 개 정도 파면 매일 1만 석의 용수를 얻을 수 있으므로 큰 공장의 설치도 가능할 것'이라고 발표하였다.[18]

조선총독부와 인천부의 다방면에 걸친 협조 위에서 진행된 인천공장의 건설은, 일본 아이치현[愛知縣]에 있는 이치노미야[一宮] 공장을 모델로 하고 그 공장을 지은 담당자들이 중심이 되어 추진하도록 하였다. 1933년 공사에 착수하고 공장의 외부공사가 끝나자 동양방적 본사에서는 다음 해 3월 자본금 400만 엔을 투자하여 제사(製絲)와 직포

시하고 있어 시기와 넓이에서 차이를 보인다.(東洋紡績株式会社 編, 1934.6, 연표 참조)

18 「仁川府外松林里에서 工場用水源發見 東洋紡績分工場 設置可能」『毎日申報』1932년 7월 3일

(織布)를 위한 방적부와 직포부를 갖추고, 정방기 3만 1,448추, 직기 800대를 설치하여 공장의 시험가동을 시작했다.[19] 이러한 기계 설비는 최신의 일본 것으로서, 이후 조선에 진출한 일본의 방직·방적 기업들은 대부분 근대적 설비를 갖춘 대규모 공장을 설립하였다.[20]

2) 동방의 달러박스 인천공장과 경성공장

당초 동양방적은 1934년 2월에 인천공장을 준공하고 3월부터 조업을 개시할 예정으로, 인천부립직업소개소를 통해 직공 1,200명을 모집할 계획을 세웠다. 모집인원은 14~20세의 미혼 여성 1천 명, 남성 2백 명으로 보통학교 3학년 수료생 정도를 대상으로 했으며, 일본에서 숙련공을 데려다가 기술교육을 시킬 예정이라고 하였다.[21]

동양방적이 실제 조업에 들어간 것은 1934년 6월 1일이다. 그런데 겨울철 농한기에는 입사 지원자가 많았지만, 농번기인 봄이 되면 지원자가 크게 줄어들었다. 따라서 조업과 동시에 여공의 부족 사태로 인해 2차, 3차에 걸쳐 직공을 모집하게 되었다. 또한 만석동 일대에 대단위 공업단지가 조성되자 일본제분 인천공장, 풍국제분 인천공장

---

19 東洋紡績株式會社 社史編輯室, 1986 앞의 책, 307쪽 ; 東洋紡績七十年史 編纂委員會, 1953 앞의 책, 280쪽
  동양방적 인천공장에 설치한 직기의 숫자는 자료에 따라 800~1,300대의 편차가 있다. 1941년 9월 현재 1,292대로 파악된 것을 참고하면, 시간이 지나면서 특히 전시체제기에 들어 영세기업을 통폐합하면서 기계의 설비가 점차 증가했을 것으로 짐작된다.(1942 「朝鮮紡績業の現狀」 『殖銀調查月報』 45, 6쪽)
20 강이수, 1991 「일제하 면방 대기업의 노동 과정과 여성 노동자의 상태」 『사회와 역사』 28, 59~60쪽
21 「仁川東洋紡績職工 千二百名募集 보통학교 三학년 수료정도 男子는 不過二百名」 『每日申報』 1933년 12월 26일
  『東洋紡績七十年史』 377쪽에서는 인천공장의 직공이 3천 명이라고 언급하고 있는데, 이는 인천공장과 경성공장의 합계를 오인한 것으로 보인다.

등이 들어서서 노동자 수요가 커지게 되었다. 이에 동양방적에서는
모집 정원을 채우지 못하는 구인난이 이내 고질적인 문제로 되었다.[22]
동양방적은 여름철 구인난을 해소하기 위한 방안으로 인천지역에 국
한했던 직공모집 지역을 수해지역과 호남지역으로 확대하였다. 공장
측에서 각 지역의 직업소개소에 여공 모집 공문을 보내면, 각 직업소
개소에서 직접 모집을 알선했다. 직업소개소에서 10대의 여성들을 모
집하면, 공장 인사과 직원이 해당 지역 직업소개소로 가서 면접을 통
해 취업 결정을 하고 인솔해 왔다.[23] 이 과정에서 1935년 1년여 동안
경상북도 문경, 상주, 예천지역에서 동양방적 인천공장으로 간 인원만
해도 10차례에 걸쳐 560명에 달했다.[24]

　동양방적은 조선 진출 후 처음부터 공장법을 시행하지 않아 장시간
노동과 저임금이 가능한 상황을 적극 활용하였다. 앞에서 보았듯이
동양방적이 조선으로 진출한 중요한 계기 중 하나는 공장법이 적용되
지 않는 데 있었다.[25] 인천공장은 조업을 시작할 때부터 일본 오사카의
본사와는 달리 하루 24시간 공장을 가동하고, 1주일 단위로 12시간씩
주야 2교대 근무제를 시행하였다. 저임금에 심야작업이 가능하고 16세

---

22 「就職의 喜消息! 東洋紡績에서 募工 男女職工一千五百名을 募集 仁川職紹는 紛
忙」『每日申報』1934년 2월 4일 ;「仁川東洋紡績操業準備完了 外國서 輸入한 棉을
山積하고 內地熟練工도 招聘」『每日申報』1934년 3월 31일

23 「仁川東紡으로 가는 二十三名의 少女群, 보내고 가는 사람의 울음으로 群山驛頭는
悲劇舞臺」『朝鮮中央日報』1935년 8월 17일자에 소개된 군산지역의 노동자 모집
과정이 그 사례다. 기사에서는 '보통학교 졸업 정도의 일본어 해독이 가능한 10대
여성'이라고 하였으나, 1940년대 동원된 사례와 비교하면 내용을 신뢰하기 어려워
보인다.

24 「눈물 실은 "少女列車" 春窮의 毒鞭에 쪼낀 離鄕少女 六百名, 또 店村驛을 떠나는
處女群 都市의 職工사리로!」『東亞日報』1936년 3월 19일

25 일본 본토와 달리 조선에서는 해방이 될 때까지 공장법을 비롯한 노동법이 전혀
적용되지 않았다. 이에 관해서는 이상의, 2000 「일제강점기 '勞資協調論'과 工場法
論議」『國史館論叢』94 ; 2006『일제하 조선의 노동정책 연구』, 혜안, 91~107쪽

미만 청소년 고용도 가능한 조선의 상황을 최대한 이용한 것이다. 심지어 동양방적은 인천공장 설치의 목표를 노동자의 능률증진에 두고 '여공 1명이 기계 40대를 가동할 수 있도록 하여 1인당 6대만 가동시키는 영국 공장에 비해 7배의 능률을 발휘하도록 할 것'이라는 '포부'를 언론을 통해 밝히기도 하였다.[26]

　인천공장 가동 초창기의 동양방적은 통근제로 운영되었다. 조선인 여성들이 집을 떠나 생활하는 것을 꺼리기도 하였지만, 애초 공장 설비상 기숙사 설치가 역부족이었기 때문이다. 노동자들은 도시락을 가지고 주간 작업조와 야간 작업조가 2교대로 출퇴근하였다. 주간 작업조는 오전 6시까지 출근해서 12시간 노동을 하였고, 야간 작업조는 오후 6시에 작업에 들어가 다음날 오전 6시까지 철야 노동을 했다. 이후 동양방적은 24시간 2교대 근무제가 원활하게 운영되도록 하기 위해 공장부지 내에 기숙사를 신축했다.

　대규모 공장의 흐름에 익숙하지 않은 상황에서 갑자기 매일 장시간 노동을 하게 되면서 노동자들은 항상적으로 안전사고에 노출되어 있었다. 계속 돌아가는 기계와 작업 감독의 감시하에 소음과 열기, 먼지로 뒤섞인 작업장에서 식사시간 외에는 휴식시간도 없이 하루 12시간씩 서서 일해야 했다. 그런 환경에서 노동자들은 땀띠와 습진, 각기병, 폐병 등 각종 질병에 시달리는 경우가 많아졌다.

　이 시기 한 언론에서는 조선방직 부산공장의 노동 상황에 대해 '37도가 넘는 작업장에서 힘들게 매일 12시간씩 일을 하고, 하루 15~16전씩 한 달 4원 여의 수입이 생기면, 기숙사비 4원 20전을 내고 병에 걸리거나 옷을 해 입으면 빚을 짊어지게 된다'고 서술하였다. 경성방직

26　「女工一人で四十臺も動かす 世界に誇る東洋紡績 近く操業を開始」『京城日報』 1934년 3월 17일

역시 1934년 현재 하루 12시간 노동에 초임의 일급이 남성노동자 25전, 여성노동자 15전이었다. 당시 물가는 비누 한 장이 2~3전, 기숙사 세끼 식대가 15전이었으므로 하루 식대를 제하면 여성노동자의 임금은 한 푼도 남지 않는 실정이었다.[27]

이러한 사정은 동양방적 노동자의 경우도 다르지 않았다. 이와 관련하여 당시 언론에서는 '동양방적에서 근무하는 16세 여직공이 어린 몸에 피로한 노동을 참을 길이 없고 공임도 하루에 23전에 불과하여 식비를 제하고 1푼의 용전이 없는 참상이라 견디다 못하여 절도를 했다'는 기사를 내고, 이에 대해 취조 경관까지 동정을 금치 못하였다고 적고 있다.[28] 결국 무리한 노동과 저임금에 견디지 못하고 귀향하거나 도주한 여성노동자가 1개월에 200~300명에 달하게 되었다. 이에 공장에서는 이직을 막기 위해 임금을 직접 주지 않고 통장으로 지급하였고, 통장은 회사에서 관리하였다.[29]

공장과 기숙사 생활에서는 생산 목표량을 유지하기 위해 엄격한 감시와 통제가 행해졌다. 작업과정에서 감독과 반장의 폭언과 폭행도 일상적이었다. 그러던 중 1935년 1월 여성노동자들이 동맹파업을 전개하였다. 17일 밤 출퇴근 명패를 가져오지 않았다고 공장 수위가 사패 여공을 때렸고, 이에 격분하여 30명의 사패공이 동맹파업을 하였다. 그러자 공장 측의 조선인 노동자에 대한 차별, 통제와 감시에 불만을 가져온 노동자들이 동맹파업에 참여하였다. 동양방적 노동자들의

27 「朝鮮紡織의 三千餘 아가씨를 찾아(二) '돈벌이가 좋다'고 그 누가 하더뇨, 收入은 적고 過度한 勞動에 어여쁜 얼굴이 蒼白해갈뿐」『朝鮮中央日報』1936년 7월 2일 ; 京城紡織株式會社, 1969『京紡五十年史』, 181쪽
28 「女工이 竊盜」『每日申報』1938년 10월 29일
29 「仁川의 明暗, 發展되는 仁川과 歡喜와 悲哀의 交響樂, 눈물겨운 女工들의 生活 裏面, 遊女로 轉落하는 그들」『朝鮮中央日報』1935년 12월 2일

노동문제와 사회에 대한 인식과 파업참여는 인천지역의 여러 공장으로 확산되었으며, 당시 세간에서 주목되어 언론에도 대대적으로 보도되었다.[30]

인천에 진출한 동양방적은 당초 지하수의 부족, 발전기의 부족, 근대적 노동규율에 익숙하지 않은 노동자 등의 문제로 조업이 용이하지 않았다고 기록하고 있다.[31] 그런데 낮은 임금으로 조선인 유년 여성을 고용한 동양방적은 총독부를 비롯한 각 행정기관의 협조 위에서[32] 조업 개시 후 이내 높은 수익을 올리면서, 인천공장에 이어 곧바로 평양과 경성 등에서 새로운 공장을 추가 건설할 장소를 모색하였다.[33]

최종 경성으로 위치를 결정하여, 경성부 영등포 역전 한강 주변의 수질이 양호한 곳에 전용선을 끌어들이고, 1936년 5월 공사에 착수하여 1937년 4월 조업을 개시하였다. 건설비는 500만 원으로, 정방기 4만 5,328추, 연사기 1만 3,200추, 직기 1,440대를 설치하였다. 방적부, 직포부와 더불어 염색가공, 나염가공 작업을 하는 가공부를 설치하여 소위 일관(一貫) 생산체계를 갖추고, 상급품의 광폭 면포를 생산하였다. 인천공장의 경험을 살리고, 일본 가가와현[香川縣]에 있는 산본마쓰[三本松] 공장을 모델로 하여 건설한 이 공장은 이내 높은 조업실적을 올렸다.[34]

---

30 「仁川東洋紡績 卅名職工盟罷」『東亞日報』1935년 1월 19일 ;「仁川 赤色「그룹」事件, 靑年 四名 또 檢擧, 瑞緒는 東紡工場에서」『朝鮮中央日報』1935년 5월 8일 ;「『東紡』赤色工作 被告, 最高 三年役 求刑, 十日에 京城 地方法院에서 判決言渡는 十七日」『朝鮮中央日報』1936년 3월 11일

31 東洋紡績七十年史 編纂委員會, 1953 앞의 책, 307쪽

32 조업을 시작한 지 얼마 안 된 1934년 8월부터 동양방적은 면직물 제품을 철도 화물로 수송하기로 하였는데, 철도국에서는 화물량에 따라 운임의 25~35%를 할인하기로 하였다.(「仁川東洋紡績綿織物 鐵道運賃割引」『東亞日報』1934년 7월 21일)

33 「朝鮮紡織界는 自給自足의 時代, 東紡의 朝鮮進出事情, 東洋紡績會社長阿部房次郎氏談」『朝鮮新聞』1934년 9월 30일

대규모 생산 설비를 갖춘 기계식 방적공장으로서 조선에서 막대한 이익을 확보한 동양방적은, 조업을 시작한 지 불과 1년 만에 종연방적, 조선방직, 경성방직과 더불어 조선 4대 방직의 반열에 들었고, 면방직업의 1/3의 비중을 차지하게 되었다. 당시 인천과 경성의 두 공장에 대한 동양방적 그룹 내에서의 평가는 다음과 같았다.

> 인천, 경성 양 공장의…제종의 정황이 경영상 내지에 비해 유리하였으므로 그 수익이 때로는 내지의 전 공장보다도 두 공장이 많은 경우도 있었고, 한 때는 동양방적의 달러박스로 되었다.[35]

조선의 인천과 경성 두 공장에서 내는 수익이 일본에 있는 모든 지점의 수익보다 높아서 이 두 공장이 동방의 '달러박스'로 인식된 적도 있다는 설명이다.

조선에서 수익을 확대하기 위해 동양방적에서는 1934년 5월 경성부에 출장소를 설치하였다. 이미 조선 진출을 결정한 1932년부터 본점의 상사과원이 경성에 주재하여 판로 확장을 담당하였는데, 인천공장의 조업 시작과 더불어 현지제품의 판로확보를 위해 상치기관을 둔 것이다. 이후 경성공장의 조업으로 제품이 증가하자 1938년 출장소를 지점으로 승격시켜 식민 지배가 끝날 때까지 조선에서 유지하였다.[36]

3) 전시하 동양방적의 사업 확장

1937년 7월 중일전쟁 도발을 계기로 일본은 전시통제체제로 이행하

34 東洋紡績株式會社 社史編輯室, 1986 앞의 책, 308쪽
35 東洋紡績七十年史 編纂委員會, 1953 앞의 책, 379쪽
36 東洋紡績七十年史 編纂委員會, 1953 위의 책, 377~380쪽

였다. 조선 역시도 일본 전시통제체제의 일부분으로 편입되었으므로
생산력확충계획이 수립되는 한편 물자, 물가, 자금, 노동력 등 모든 부
문에 걸친 통제가 시작되었으며, 생산 증대와 통제에 적합한 방식으
로 산업의 재편성이 진행되었다. 면화, 고무, 펄프 등 주요 자재의 수
입 통제가 강화됨에 따라 '수출입품 등의 임시조치에 관한 법률'에 기
반하여 중요물자와 이를 원료로 하는 제품의 생산, 배급, 소비 통제가
시행되었다. 특히 수입에 크게 의존하는 면화의 경우 1938년 4월 '면
제품 스프 등 혼용에 관한 규칙'이 시행되어 국내에서 소비하는 순면
제품의 제조가 금지되었다.[37]

　전쟁 발발 이후 군수품으로서 면사의 수요가 격증하자, 일본정부는
면업계에 대해서도 다양한 통제를 실시하고 점차 그 틀을 강화했다.
1937년 10월에는 면화와 면사의 최고표준가격 및 면사의 등급을 정하
고, 12월에는 면제품의 혼용규칙을 정하였다. 다음 해 2월에는 섬유공
업설비의 신·증설 허가제를 실시한 데 이어, 3월에는 '면사배급통제
규칙'을 공포하고 면사 배급의 교환권제 방식을 도입하였다. 나아가
5월에는 판매가격취체규칙을 공포 실시하고, 6월에는 수출품 확보를
위해 면제품의 제조, 가공, 판매를 제한하고 '섬유제품 판매가격취체
규칙' 등을 공포하였으며, '수출면제품배급통제규칙'을 실시했다.[38]

　1938년 8월 '조선공업조합령'이 공포되고 9월부터 시행되었다. 이 법
령은 일본의 공업조합법을 그대로 수용하여 강력한 통제권과 행정관
청의 감독권을 반영하고 있었다. 그런데 중소공업의 진흥을 도모하기
위해 중소공장으로 조직된 일본의 공업조합과 달리, 조선에서는 중소
공업뿐만 아니라 대공업도 공업조합에 포함되어 있었다. 효율적인 통

37　배성준, 2000「戰時下 '京城'지역의 공업 통제」『國史館論叢』88, 243~245쪽
38　東洋紡績七十年史 編纂委員會, 1953 앞의 책, 315쪽, 405쪽

제를 위한 것이었다. 1939년 조선인견직물, 조선인견염색 등의 공업조
합 설립에 이어 1940년에는 조선방적, 조선제면(朝鮮製綿), 조선타올,
조선면범포(朝鮮綿帆布) 등의 공업조합이 설립되었다. 원료의 수입이
제한되면서 배급통제가 시작된 제면업, 면방적업, 인조견직물업, 메리
야스업, 철공업, 고무제조업 등에서는 1939~40년 공업조합이 조직되었
으며, 1941년에는 주요 업종의 공업조합 설립이 일단락되었다.[39]

　그중 조선방적공업조합은 경성방직주식회사, 종연방적주식회사, 동
양방적주식회사, 조선방직주식회사의 4개 대규모 회사로 구성되었다.
이들 회사는 면사의 배급통제를 위하여 조선방적공업회를 결성하였다
가, 면직물의 배급통제가 실시되면서 1940년 2월 조선방적공업조합으
로 재편하였다. 이 조합은 조선면포통제위원회의 지시를 받아 산하의
면방적 공장에 면직물 생산을 지시, 할당하였으며, 생산된 면직물은
조선면직물도매상조합(朝鮮綿織物元御商組合)에 판매하였다. 또한 감
독관청이나 통제기구에서 배급받은 원면, 스프 및 각종 재료를 조합
원에게 배급, 할당하는 한편, 조합원의 위탁에 의해 포장용지, 전분,
운동화 등을 구입, 공급하였으며, 만주로 수출하는 면직물 검사를 시
행하였고, 수출 부적합품이나 과잉생산된 조합원의 면직물을 매수하
여 판매하기도 하였다.[40]

　1941년 3월 조선공업조합령이 개정되어 공업 통제가 더욱 강화되었
다. 물자의 통제로 원료의 구입이 곤란해지고, 제품 생산이 제한되거
나 금지되면서 민수공업은 크게 위축되었다. 전시통제기 생산활동의
대부분이 군수공업과 관련되어 있었으므로, 민수공업은 위축된 반면
정책 지원과 군수 호황에 따라 군수공업은 확대되어갔다. '임시자금조

39　배성준, 2000 앞의 논문, 254~256쪽
40　1944.7「朝鮮工業組合界の現勢」『朝鮮工業組合』, 15~16쪽

정법', 각종 물자통제령에서 기업정비, 군수생산책임제에 이르는 전시 통제는, 자금과 물자, 노동력을 군수공업 부문으로 공급하기 위한 것으로서, 민간에 대한 최소한의 생활필수품 공급을 제외한 생산, 유통의 전 부문은 군수품의 생산과 공급에 집중되었다.[41]

태평양전쟁이 일어나면서 일제는 대자본을 가진 방적회사에 대해서도 군수공업을 경영하도록 요구하였다. 일본정부는 섬유공업에 대한 통제의 틀을 소비, 생산의 양면에서 우선 강화하였다. 1942년 1월 '섬유제품배급소비통제규칙' 실시와 동시에 동월 말일까지 섬유제품의 판매를 금지하고, 2월부터는 의료(衣料)의 종합배급 교환권제 방식으로 소비를 철저하게 규제했다. 또 생산통제를 위해 1942년 7월 각의에서 중요산업통제단체령에 의해 섬유산업을 중요산업으로 지정할 것을 결정하였다. 상공성에서는 1942년 이래 면스프통제회를 통해 조업공장을 지정하고 중점생산 방식을 취했다. 그 결과 한 회사에서 백만 추 단위로 하는 합동합병을 종용할 것, 5할의 조업공장을 3할로 압축할 것, 3할의 휴지공장 중에서도 2할을 폐쇄공장으로 넘겨 군수로 공출할 것 등을 결정하였다. 결국 일본 국내의 방적회사는 187만여 추를 소유한 동양방적주식회사를 비롯해, 백만 추 이상의 10대 회사로 통합되기에 이르렀다.[42]

1943년 들어 전시통제는 '생산 증강의 백병전'으로 옮겨갔다. 기존

---

41 배성준, 2000, 앞의 논문, 270~273쪽
42 東洋紡績七十年史 編纂委員會, 1953 앞의 책, 315쪽, 412~414쪽. 이러한 섬유기업의 통합 정비로 인해 동양방적은 사업이 급격히 팽창되었다. 면방부문은 1941년 상기 말에, 인견, 스프부문은 1942년 8월에, 양모부문은 1943년 상기에 생산설비가 최대로 증대되어, 精紡機 194만 8,836추, 撚絲機 34만 7,658추, 織機 2만 5,170대에 달했다. 따라서 동양방적의 순이익은 대공황 이후 1945년까지 해마다 꾸준히 증가하였는데, 특히 1938년에 크게 증가하였다.(東洋紡績七十年史 編纂委員會, 1953 앞의 책, 416~417쪽, 701쪽)

의 '생산력 확충'이 자금, 설비, 물자, 노동력 등의 확충을 통하여 군수 생산을 늘리는 것인 데 비해 '생산 증강'은 '현재 가지고 있는 생산설비, 원료자원, 노동력 등의 생산력을 최고도로 움직여 가능한 한 많은 생산물을 생산하는 것'이었다. 이에 따라 설비, 물자, 노동력 등의 군수산업 집중이 심화되었고, 이를 위해 대대적인 기업정비가 단행되었다. 민수공업에 대한 전면적인 정리가 단행된 것은 1944년 기업정비가 시행되면서부터다. 1943년 10월 기업정비위원회에서 기업정비요강을 확정하면서, 1944년 3월부터 6월까지 36개 지정업종을 대상으로 한 제1차 기업정비가 진행된 데 이어 8월부터는 27개 업종을 대상으로 한 제2차 기업정비가 진행되었다. 제면업의 경우 조선제면공업조합에서 조면기 10대 이하의 업자에 대한 기업통합을 진행하여 52명의 제면업자가 40명 정도로 감축되었고, 다시 기업정비를 통하여 20명으로 감축하여, 영세한 소공장이 대폭 정비되었다.[43]

전시통제가 강화될수록 민간의 일상생활에는 불편이 커졌다. 특히 배급물자가 감소되자 배급담당자가 정실배급을 하거나 불법반출, 암거래를 하는 등 사회 전반이 동요하였다.[44] 당시 경성부에 배급된 면제품을 통해 그 실태를 보면, 면제품의 배급제가 실시된 1940년 6월부터 1941년 7월까지 경성부가 할당받은 면직물 배급량은 1인당 4야드 정도였으나, 이후 할당량이 격감하여 1인당 2.5야드로 감소하였고, 1942년에는 1.8야드로 감소하였다. 또한 면직물 구입 증명서의 유효기간이 1년으로서, 배급표를 받은 시기와 실제 물자를 배급받은 시기의 할당량이 크게 달라졌으므로 정실배급, 암거래 등의 경제사범을 야기

43 배성준, 2000 앞의 논문, 249쪽, 270~272쪽
44 이은희, 2014 「1940년대 전반 식민지 조선의 암시장 ─ 생활물자를 중심으로 ─」 『東方學志』 166 참조.

하기에 이르렀다.[45]

　이러한 상황에서 동양방적은 조선방적, 경성방직 등과 함께 군피복의
원료를 주로 생산하면서 지속적으로 성장해갔다. 1939년 인천부에서
4개 기업을 선정하여 기능자 양성 계획을 세웠을 때 동양방적도 그 안
에 포함되었고, 앞에서 보았듯이 조선 내 방적업자들이 모인 방적공업
조합 창립에 참여하기도 하였다. 더욱이 1942년경부터 일본 국내의 섬유
공업은 설비 일부를 조선, 만주, 중국으로 이전하여 군수품 생산량을
늘리고자 하였다. 일본 동양방적에서도 경성과 중국 천진의 공장으로
설비를 이전하였다. 경성공장의 경우 1942년 동양염색 교토공장에서
나염기를 이설하고, 오사카공장에서 광물염기를 이설하여 군복용 우
비를 생산하였다. 또 모리구치[守口]공장에서 기계를 이전하여 1943년
3월부터 조선면을 이용하여 군용 면사(코튼糸)를 생산하였다.[46]

　이 시기 조선에 있던 동양방적의 경성지점, 인천공장과 경성공장의
사업내용과 규모를 정리하면 다음 〈표 1〉과 같다.

〈표 1〉 1941~44년 동양방적 조선 지점의 조업상황

	위치	사업내용	설비	인원
경성지점	경성부 중구 남대문통 1정목 97	판로 확장		남자 9명
인천공장	경기도 인천부 만석정 37	면사, 면포	정방기 31,488추 직 기 1,280대	남자 220명 여자 1,014명
경성공장	경성부 영등포정 276-3	면사, 코튼사, 면포, 염색가공	정방기 45,328추 연사기 13,200추 직 기 1,440대	남자 352명 여자 1,368명

참고 : 東洋紡績七十年史 編纂委員會, 1953 앞의 책, 656~659쪽

45　배성준, 2000 앞의 논문, 250쪽
46　그 생산량은 월 8만 9,500反, 면코튼사 월 180梱, 絹코튼사 월 250貫에 이르렀다.
　　(東洋紡績株式會社 社史編輯室, 1986 앞의 책 306~307쪽, 315쪽)

전쟁이 격화되는 가운데 동양방적은 조선에서 확장을 거듭하면서 기존의 경성지점과 인천공장, 경성공장 외에도 안양잡섬유공장,[47] 조선특수합금, 충북연탄, 소양광업, 단양석탄공업주식회사를 설립하였으며,[48] 동양방적 전체적으로 무려 100여 개의 회사를 유지하기에 이르렀다. 따라서『동양방적칠십년사』에서는 1941~44년을 동양방적의 '최성시(崔盛時)'로 표현하였다. 민간에게는 극도의 내핍 생활과 동원, 통제를 요구하던 전시총동원체제하에서 일본의 대기업 동양방적은 전성기를 맞이하고 있었던 것이다.

2. 동양방적의 아동동원과 노동조건

1) 아동 강제동원과 작업장 배치

조선에 진출한 동양방적의 급격한 성장은 앞에서 보았듯이 조선인 노동자들의 낮은 임금과 일관생산체계에 따른 노동강도의 증가, 그리고 전시의 군수품 생산에 바탕한 것이었다. 동양방적은 기업 경영에 유리한 식민지라는 조건 위에서 막대한 잉여가치를 확보하여 독점자본으로 전화하고, 고급품을 생산하면서 조선 면방직업계에서 큰 비중을 차지하고 있었다.[49]

47　1943년에 면과 스프, 마의 혼방공장인 안양공장을 경기도 시흥군 안양면에 신설하였다. 그러나 이 공장은 1944년 4월 화재를 당해 이후 조선비행기회사로 전용하였다.(東洋紡績七十年史 編纂委員會, 1953 앞의 책, 東洋紡績株式會社, 374쪽)

48　東洋紡績七十年史 編纂委員會, 1953 앞의 책, 676쪽

49　동양방적의 공업사적 의미에 대해서는 김경남, 1994 앞의 논문, 137~138쪽에서 소략하지만 언급하고 있다.

전시체제에 들어서면서 면직물의 군수품으로서의 필요성이 급증하자 동양방적은 점차 군수품 생산 공장으로 전환하였다. 그리고 조선총독부의 행정력을 통해 노동력을 강제동원하여 활용함으로써 생산을 이어나갔다. 전시하 노동력의 '송출'은 다음의 체계로 이루어졌다. 군수를 담당하는 각 기업에서 필요한 인력 요청 관련 문서를 일본 후생성에 접수하면 후생성이 기업별로 인원을 할당하여 고용허가를 내주었다. 허가를 받은 기업이 다시 노무동원 송출을 담당하는 부서인 조선총독부 노무과에 모집 허가를 신청하면,[50] 총독부에서는 인원을 조정한 후 관련 인원을 해당 도에 하달하였고, 도에서 이를 다시 지역별로 할당하면 해당 기업의 담당자와 함께 해당 읍, 면에서 노동력을 동원하여 기업으로 수송하였다.

노동력 동원을 담당한 지방조직을 보면, 도(道) 단위에서는 지사관방, 내무부, 광공부가 담당했고, 부군도(府郡島)의 노무 관련 업무는 서무과와 내무과, 서무계와 내무계가 담당했으며, 읍면(邑面)에서는 노무계, 병사계, 권업계, 서무계, 사회계에서 담당하였다. 지역할당에 따른 노동력 동원의 업무는 읍면의 담당자(서기)와 구장(이장, 국민총력연맹), 주재소, 소방서, 직업소개소가 함께 실행하였다. 이들의 수송과정에서는 지역 단위의 집결 장소까지 부군도, 읍면의 관계 직원과 경찰관이 동행하였다. 즉 노동력 동원은 총독부의 국(局) 단위에서 지방의 읍, 면 단위까지 담당 공무원이 배치되어 업무를 수행한 것으로

50 노동력 동원 송출 업무를 담당한 중앙행정기구는 1939년 2월 내무국 사회과 노무계에서 1941년 3월 내무국 노무과로 확대되었고, 이후 행정기구의 변화에 따라 1941년 11월 후생국 노무과, 1942년 11월 사정국 노무과, 1943년 12월 광공국 노무과, 1944년 10월 광공국 근로조정과, 근로동원과, 근로지도과, 근로동원본부, 1945년 1월 광공국 근로부 동원과, 근로부 지도과, 1945년 5월 광공국 동원과, 근로부 근로제1과 근로부 근로제2과에서 담당하였다.(이상의, 2006 『일제하 조선의 노동정책 연구』, 혜안, 253~255쪽 행정기구 변천 참조)

서, 공권력이 개입된 '국가' 권력 차원의 업무였다.[51]

방적회사의 특징상 공장에 강제동원된 노무자들은 대개 나이 어린 유년 여성들이었다.[52] 이러한 현상은 강제동원피해진상규명위원회에 제출된 강제동원 피해자의 피해신고서를 통해서도 확인된다. 동양방적 인천공장과 경성공장으로 강제동원된 피해자들의 동원지와 동원 나이, 동원 내용과 특이사항을 동원된 시기 순으로 살펴보면 다음 〈표 2〉, 〈표 3〉과 같다.

〈표 2〉 동양방적 인천공장 강제동원 피해자의 인적사항과 동원내용

	이름	동원지	생년월일	동원시기	동원내용과 특이사항
1	안○분	경북 상주	19270510	19391220	밤 기차로 동원. 갖은 고생을 하다가 노임도 받지 못하고 해방 후 귀환.
2	이○희	경북 예천	19311212	19401100	월급을 받지 못했고, 장티푸스에 걸렸으나 치료받지 못함. 해방 후 오빠가 데리러 와서 귀환.
3	박○분	경북 안동	19330413	19420400	월급을 못받았고, 친구 김○분은 탈출하다 발각되어 매질로 사망함.
4	이○임	경북 상주	19300323	19420000	이장이 다른 사람 대신 데려감. 부산 방직회사에서 2년간 일하고, 다시 동양방적에서 1년 반 정도 일함.
5	김○심	경북 예천	19330710	19430315	야근 중 잠이 들었다고 일본인 감독이 실가락으로 왼쪽 눈을 찔러 실명.
6	양○희	충북 충주	19320311	19430300	구장 집에 아이들을 모아놓고 일본인 직원이 동원. 베 짜는 기계 16대를 맡아 12시간씩 일함. 옴병이 걸려 고생했음.

---

51 허광무 등, 2015 『일제 강제동원 Q&A 1』, 선인, 52~54쪽

52 강이수, 1991 앞의 논문 참조.
　　『인간문제』에서는 '대동방적'이라는 이름으로 동양방적의 노동 실상을 자세히 서술하고 있다. 예컨대 손으로 뜨거운 물 속에서 꼬치를 꺼내 재빨리 실 끝을 찾아 거는 작업을 해야 했으므로 남성보다는 여성이, 어른보다는 손이 작은 아이가 이 일에 적합하였고, 임금은 일본인 성인 남성의 1/7에도 미치지 못했다. 이러한 배경은 중일전쟁 이후에도 방적공장으로 다수의 어린 여자아이를 강제동원하는 이유가 되었다.

7	안○복	충북 충주	19311123	19430300	언니를 따라 양성면에 가서 30명 정도 같이 출발. 목화를 가공해서 실 만드는 일을 함. 한방에서 단체생활을 함. 양쪽으로 누워 잠. 고모가 면회 옴.
8	권○조	경북 예천	19340221	19430400	공출을 피해 이웃 동네 사람과 정혼했으나 집 앞에서 동원. 도중 2명 탈출. 베를 짜면서 인간적인 대우를 받지 못하고 돈도 받지 못하고 일본인 감독에게 매를 많이 맞았음.
9	이○심	경북 상주	19331210	19430612	엄마와 함께 모찌러 가는 길에 이장과 면직원에 의해 동원. 실 잇는 작업을 함. 공장 뒤에 바다가 있었고, 공장에는 게가 많이 들어왔음. 친척을 데리러 온 당숙과 귀가.
10	전○준	경북 문경	19341106	19430816	1943년 인천 동양방직회사에 동원되었다가 해방 후 귀환. 이○임 동행.
11	이○임	경북 문경	19320906	19430800	11세에 인천 동양방적에 가서 2년간 일하고 해방 후 귀환. 전○준 동행.
12	이○녀	경북 예천	19310908	19430000	마을에서 이○순, 이○림과 동행.
13	김○임	경북 금릉	19330613	19430000	어른들이 심지뽑기를 해서 4명 동원. 실을 뽑다가 졸아서 실타래가 엉키자 일본인이 음부를 발로 차서 입원. 부스럼이 심해 고생. 해방 후 일본인들이 자기들 피하느라 바쁘고 아이들은 챙겨주지 않음. 아버지와 8월 20일경 귀가.
14	정○용	경북 문경	19310818	19440100	14살에 인천 동양방적 공장으로 동원. 욕설과 구타가 심했음.
15	유○현	충북 옥천	19321204	19440000	마을에서 다른 사람들과 같이 동원. 해방 후 일행의 아버지를 따라 귀가.
16	박○년	경북 예천	19330927	19450200	도망간 사촌언니 대신 동원. 상주, 문경, 예천에서 김천에 모여 출발. 기계에 기름칠하는 부서로 배치. 퇴근 시 남자들이 몸 조사를 했음. 담장이 높았고 외출 금지. 각기병으로 죽어 나가는 것이 무서웠음. 해방 후 아버지가 데리러 옴.

〈표 3〉 동양방적 경성공장 강제동원 피해자의 인적상황과 동원내용

	이름	동원지	생년월일	동원시기	동원내용과 특이사항
1	양○임	충북 보은	19281120	19391000	부친이 위독해 1943년 귀가. 구타가 심하고 도망치는 사람이 많았음.
2	양○례	충북 보은	19300509	19400000	11세에 집밖에서 놀던 중 트럭에 태워 감. 처음엔 구르마를 끌고 심부름을 하였고 나중에는 실을 감음.
3	김○자	충남 보령	19301015	19400000	11세에 서울서 모집관이 와서 월급도 주고 밥도 준다고 속여 데려갔음.
4	송○섭	경기 수원	19240904	19410000	면직원 인솔로 4명이 함께 동원.
5	윤○례	경기 수원	19270404	19410100	면직원 인솔로 4명이 함께 동원.
6	황○분	충남 부여	19310909	1942 봄	목화에서 실을 뽑음. 누군가 광목을 훔쳤다고 일본인에게 심하게 구타당하는 장면 목격.
7	박○자	충북 제천	19291108	19410900	14세에 동원되어 1년 있다가 도망침. 1년 후 남만주방직회사로 동원. 해방 후 영등포 동양방적에서 4일 머물렀다 제천으로 귀가.
8	박○애	강원 양구	19291002	19420000	14세에 마을에서 10여명 동원.
9	김○득	경북 안동	19310515	19420000	면에서 수수밥 점심을 먹고 50리를 걸어 여관 투숙 후 기차로 이동.
10	정○순	경북 안동	19331212	19420000	구장 통지서를 받고 안동에서 30명 정도 동원.
11	황○임	경북 성주	19301210	19420000	3회 탈출을 시도했다 실패, 구금, 구타, 10일간 급식 중단.
12	강○점	전북 군산	19260210	19430000	
13	염○득	충남 부여	19300205	19430000	
14	권○복	경북 영주	19291219	19430714	면에서 제비뽑기로 12명이 감. 군복, 경찰복, 학생복 생산.
15	안○숙	충북 중원	19290531	19431000	통지서 받고 면에 집합. 직물 검사 담당. 1년 후 도망치다가 걸려 심하게 구타당함.
16	장○남	경북 칠곡	19331231	19431200	군복제작공장 염색부에서 일함. 주변에서 남자들이 훈련받고 군대 가는 모습 목격
17	이○례	충북 중원	19280409	19440200	주변의 15세 이상 여자는 다 동원.

18	구○련	경북 의성	19300907	19440600	15세에 동네서 혼자 동원. 화물차에 타니 미리 붙들려온 처녀가 한 차 가득 있었음.
19	권○옥	경북 영양	19350326	19440800	동원 시 동네가 울음바다가 됨. 광목 짜는 부서에서 일함. 정해진 양을 짜지 못하면 벌서고 구타당함.
20	이○향	경북 의성	19301220	19441020	연사공. 친구는 베 짜는 곳에 있었음.
21	권○희	경북 상주	19330525	19441215	면서기 인솔로 군복 만드는 곳에 동원. 나이가 대중이 없었음. 실 뽑는 일. 엄했지만 담 넘어 다니면서 연애하는 사람도 있었음. 주야로 휴일도 없이 고생. 해방 당일 낮에 일본사람들이 왔다 갔다 함. 저녁 영등포에서 뚜껑 없는 탄차를 타고 귀가.

〈표 2〉에서 보면, 인천공장으로 동원된 사람들은 절대다수가 당시 한해(旱害)에 시달리던 경상북도 출신이고 충청북도 출신이 일부 있다.[53] 만 9~14세에 동원된 이들은 16명 중 9명이 1943년에 동원되었으며, 동원과정부터 노동과정, 공장 안에서의 생활, 해방 후 귀환에 이르기까지 다양한 사연을 담고 있다. 〈표 3〉의 경성공장의 경우 출신지역이 경북, 충북, 충남, 경기, 전북 등으로 다양하지만, 여전히 경상북도 출신이 동원자의 다수를 차지하였다. 이곳에도 만 9~16세에 동원된 21명 중 절반가량이 1943~44년에 동원되었다. 인천공장에 비해 경성공장에서는 탈출하거나 탈출을 시도했던 사람들이 많은 점이 특징적으로 드러난다.

일부 사례로 전체상을 파악하기는 어렵지만, 당사자의 피해신고서

─────

53 노동력 동원 지역 선정 시 조선총독부가 고려한 사항 중 하나는 가뭄이나 홍수 등으로 큰 피해를 본 지역이다. 자연재해로 피해를 본 지역의 이재민은 구호의 대상이 되지 않았을 뿐 아니라 식량을 공출할 수 없는 사람으로서 다른 지역으로 가서 노동력을 공급해야 하는 대상으로 파악되었다. 경북 지역과 충북 지역은 전국적으로 '대흉년'으로 불릴 정도로 심각했던 1939년의 旱害 이후 1944년까지 회복되지 않았다.(정연태, 1992 「1940년대 前半 日帝의 韓國農業 再編策-'農業再編成政策'을 중심으로」『國史館論叢』38, 222쪽 참조)

에 근거해 작성한 〈표 2〉와 〈표 3〉에 의하면, 동양방적은 조선인 아동 노동과 여성노동의 현장으로서 일제 강제동원의 상징성을 지니는 장소다. 또한 9살의 어린 아이에 이르기까지 노동력으로 동원하여 국제적으로 당시 일본이 가입해 있던 ILO의 협약을 위반한 장소임이 분명하다. 1941~44년 기준으로 동양방적에서 파악하고 있는 '종업원수'는 인천공장은 여자 1,014명, 남자 220명이고, 경성공장은 여자 1,368명, 남자 352명으로,[54] 이들은 대부분 전시체제하에 강제동원된 노무자로 볼 수 있을 것이다.

〈표 2〉와 〈표 3〉에 수록된 사람들은, 빠르면 1924년, 늦어도 1935년에 출생하여 전원이 80대 후반을 넘어섰다. 이들은 대부분 청력이 약했고, 혼자 거주하면서 힘든 시간을 보내고 있었다. 필자는 이들을 직접 만나 구술을 채록하고자 계획하였는데, 생존자가 많지 않고 모처럼 연락이 된 경우에도 고령의 대상자들이 당초의 계획과 달리 구술이 어려워지거나 불가능해지는 경우가 발생하여, 최종 3명을 대상으로 총 5회에 걸친 구술 채록만 진행할 수 있었다. 구술자들과의 면담 날짜와 장소는 각각 다음과 같다.

양종희 : 2019년 7월 2일(화), 7월 21일(일). 충북 충주시 구술자 자택
이인심 : 2019년 7월 4일(목), 7월 21일(일). 경북 상주시 구술자 자택
권양조 : 2019년 7월 5일(금). 경북 예천군 구술자 자택

3명의 구술자는 1931년생 1명,[55] 1932년생 2명으로,[56] 모두 1943년

54 東洋紡績七十年史 編纂委員會, 1953 앞의 책, 658~659쪽
55 호적상으로는 1934년생이다.
56 그 중 1명은 호적상 1933년생이다.

봄, 만 나이 11세에 할당모집의 형식으로 동원되었다. 이들이 동원된 지역은 경북 상주군 외서면과 예천군 지보면, 충북 충주시 연서동이다. 이들은 공통적으로 무학으로서, 권양조와 양종희는 직포부에서 광목을 짰고, 이인심은 정방부에서 실 감는 일을 했다.

구술자는 3명에 불과했지만, 이들이 전해주는 구술의 내용은 그간 어떠한 자료나 연구 성과에서도 볼 수 없었던 새로운 내용이 많았다. 필자는 구술 대상자들에게 동원의 계기와 방식, 이동 경로, 이동 당시 분위기, 동행한 인원 등 동원과정과 동양방적 도착 직후의 상황, 작업 교육 여부, 작업 배치 부서와 구체적인 역할, 노동 시간과 노동 환경, 작업장 분위기, 공장의 규모와 인원 구성, 공장의 구조와 시설, 지하 방공호 등의 위치와 그 용도, 동료 혹은 기억하는 인물, 임금 지급 여부와 액수, 임금의 사용처, 기숙사의 상황과 인원, 애로사항, 질병 혹은 사고 사례, 공식 행사나 외출, 도주나 태업의 사례 등 공장 내에서의 노동과정과 생활과정, 해방의 인지 경로와 귀가 과정, 동양방적 관련 기록과 사진 소지 여부 등을 면담하여, 동양방적의 강제동원 상황에 대해 파악하고자 하였다. 구술자별로 인적 사항과 동원과정, 노동과정과 공장 생활에 대한 기억 중 특징적인 내용을 정리한 것이 〈표 4〉이다.

본고에서는 공장 생활이 처음인 그들의 시선에서, 낯선 곳으로 이동하는 과정에서부터 모든 것이 새로운 공장의 모습, 작업 과정, 그들에 대한 처우, 동료들과의 관계, 해방을 알게 된 경로, 귀가 과정 등을 따라가 보았다. 각 과정에서 드러난 그들의 감정도 함께 살펴보았다. 80년 가까이 된 이들의 기억은 당연하게도 개인마다 깊이 각인된 부분이 일치하지 않았고, 병원에 자주 갔던 사람이 있는가 하면 병원이 있는 줄도 몰랐던 사람이 있는 등 서로 다르게 기억하는 내용도 있다. 그러나 강제동원이나 동양방적에서의 생활에 대한 전체적인 인상은 크게

〈표 4〉 동양방적에 강제동원된 구술자 3명의 동원과정과 공장생활

성명	출생 일자	동원 시기	동원지	학력	동원 방식과 과정	노동 과정과 공장 생활에 대한 기억
양종희	실제 1932. 3.28. 호적 1932. 3.11	1943. 4.	충북 충주	무학	구장 집으로 동네 여자아이들을 소집하고 공장 사람이 와서 직접 인솔. 다른 아이들은 싫어했지만, 구술자는 공장에 가면 옷도 사주고 공부도 시켜준다고 해서 좋아함. 엄마가 몹시 서운해 했음. 충주역 주변 여관에서 하루 묵고 새벽에 기차로 출발.	시력이 좋아 직포부에서 16개 틀의 베를 짬. 일이 고되고 반장에게 맞는 것이 힘들어 다른 곳으로 바꿔 달라고 자신을 동원한 감독에게 호소함. 격주로 야근하는 주에는 점심이 나오지 않아 배고팠던 기억이 짙음. 공장에서 동료들과 함께 불렀던 노래를 완벽하게 기억. 지하실로 가서 방공훈련을 함. 탈출에 성공한 사람들과 실패해서 심하게 맞은 사람 목격. 가자마자 옴병이 올라 힘들었고 해방 후에 가족에게도 전염됨. 공장에서 항상 다시마국을 먹어서인지 생리하는 사람들을 보지 못했음. 구술자도 23살에 초경을 해 동네 소문이 났음.
이인심	실제 1932. 1.24. 호적 1933. 12.10	1943. 6.	경북 상주	무학	엄마와 함께 모 찌러 가는 길에 이장과 면직원이 '공출'을 가라고 해서 길에서 바로 동원. 안 간다고 울고 버텼지만 동원되었고, 엄마도 두고두고 울었다고 함. 가는 길 내내 아이들이 도망치지 못하도록 남자들이 주변을 지키고 있었음.	정방부에서 실 감는 작업을 함. 밥에서 석유 냄새가 나서 한동안 못 먹고 언니들이 준 소금으로 연명. 야근 시 졸음을 참으면서 일했고, 일본인 감독의 구타로 힘들었음. 공장에서 방공호 여러 개와 신사를 보았음. 공장 뒤에 바다가 있었고, 공장에 게가 많이 들어왔음. 각기병 등으로 죽은 사람을 꽃으로 덮어 달구지에 실어 기숙사 쪽 문밖으로 나가는 장면 몇 차례 목격. 해방 후 길을 몰라 귀가하지 못하다가, 당숙이 육촌언니를 데리러 와서 함께 기차를 타고 귀가. 16살에 혼인했으나 월경이 늦어 20살에 출산.
권양조	실제 1931. 6.6. 호적 1934. 2.21	1943. 4.	경북 예천	무학	'공출'을 피해 11살 많은 이웃동네 사람과 정혼했는데 집 앞에서 강제동원. 면에서 16명이 함께 감. 예천역 주변 여관에서 하루 묵음. 기차로 김천역에 가서 서울, 인천으로 감. 가는 도중 김천역에서 2명 탈출.	시력이 좋아 직포부에서 18개 틀의 베를 짰는데, 작업장에서 일본 감독에게 자주 맞았음. 작업장이 더웠고, 기계에 끼지 않도록 긴 머리를 짧게 잘랐음. 공장에는 일이 힘들다고 우는 어린아이들도 많았음. 아버지가 지역 유지를 통해 회사에 계속 전화로 항의해서 5개월 만에 나올 수 있었음. 김천에서 혼자 헤매다 집에 옴. 귀가 후 만11세에 곧바로 정혼자와 혼인했으나 월경이 늦어 6년 후에야 아이를 낳음.

다르지 않은 것으로 확인된다.

먼저 이들이 동양방적으로 동원된 과정을 살펴본다. 이씨의 경우 엄마와 함께 있는데 길에서 만난 이장과 면직원이 '공출'을 가라고 했고, 집에 들르지 못한 채 그 길로 바로 동원되었다. 그곳에 가면 밥도 잘 주고 좋다고 했지만 이씨는 엄마와 떨어지기 싫어 안 간다고 울고 불고했고, 엄마도 그를 보내기 싫어했지만 결국 동원된 경우다. 당시 강제동원을 행하던 행정기관이 지닌 위력과 그에 대한 민간인의 두려움이 그대로 엿보인다. 얼떨결에 딸을 보낸 이씨의 어머니는 한동안 밥도 못먹고 울면서 사방을 쫓아다녔다고 한다. 이씨는 그를 동원한 면서기가 괘씸하여 지금까지도 그 이름과 얼굴을 기억하고 있다고 하였다.

권씨의 경우 부모님이 '공출'을 피하고자 이웃 동네 형편이 어렵고 나이가 11살 더 많은 사람과 약혼을 시켰는데도 동원되었다. 집 앞에 놀러 나갔다가 면직원에게 붙들려 부모님도 모르게 그대로 동원되었다. 나중에 알고 보니 그 면직원은 남편의 친구 되는 사람이었다.[57] 구술자들 모두 주변에 10살만 넘으면 '공출'을 피하려 혼인을 한 친구나 친척들이 많았고, 너무 어려서 결혼 생활이 파탄난 경우도 있었음을 언급한 내용을 통해서도 이 시기 강제동원이 사회 각 분야에 미친 영향이 다대했음을 짐작할 수 있다.

양씨의 경우 동네 여자아이들은 구장집으로 모이라고 하는 전갈을 받고 다들 모였고, 그곳에 나온 동양방적의 일본인 직원이 직접 이들을 인솔한 경우다. 친구들이 다 싫다고 울고 있는 가운데 양씨는 앞의 두 사례와 달리 일본인 직원의 손을 잡고 껑충껑충 뛰면서 좋아했다.

---

57 2019년 7월 5일(금) 10시 경북 예천군 구술자 자택에서 진행한 권양조(1931년생, 경북 예천)의 구술 참조.

'좋은 곳으로 간다. 일본에 가서 옷도 잘 해주고 밥도 잘 먹여주고 공부도 시켜준다'고 했던 일본인 직원의 말을 믿었기 때문이다.[58]

이들이 공장까지 이동한 경로를 보면, 이씨는 동네에서 혼자 동원되었는데 이장과 면서기가 이미 데려온 아이들과 함께 있으면서 도주하지 못하도록 앞뒤로 버티고 있었다. 마을마다 들르면서 한 무리는 아이들을 지키고 있었고 한 무리는 동네에 가서 아이들을 데리고 나왔다. 일행이 모여 상주역까지 30리를 걸어가니 기차역 앞마당 땡볕 아래 아이들이 퍽 많이 모여 있었다. 기차를 타고 상주에서 김천으로 가고, 김천에서 기차를 갈아타고 영등포까지 갔다. 그들을 데리고 간 사람들은 도중에 누군가 내뺄까봐 기차 문 앞마다 서서 지키고 있었다. 밤에 영등포역에 내려 배가 고팠는데, 다시 손잡이가 주렁주렁 달린 전차를 타고 인천으로 갔다. 어린 이씨는 키가 작아 손잡이를 잡지 못하고 사람들 곁에 붙어서서 갔다.[59]

권씨는 같은 면에서 16명이 함께 동원되었는데, 자신이 가장 어려 보였다. 예천역 앞에 사람들이 모여 여관에서 하루를 묵었다. 저녁을 주었으나 먹지 않고 창문을 두드리면서 울기만 했다. 그때는 일본 사람들한테 붙들려 가면 죽는 줄로만 알았다. 다음 날 아침 일찍 밥을 먹고 김천으로 갔다. 김천에 도착해 보니 나이 많은 두 명이 도망을 쳤다. 그들을 데려가던 사람들이 깜짝 놀라 일행에게 '여기서 나가면 붙들려 간다, 큰일 난다'며 무섭게 말했다. 그런데도 '우리는 죽으러

---

58 2019년 7월 2일(화) 14시와 7월 21일(일) 9시 50분에 충북 충주시 구술자 자택에서 진행한 양종희(1932년생, 충북 충주)의 구술 참조.(이상의, 2021.6 「열두살에 동양방적으로 강제동원된 양종희」『작가들』77, 243쪽. 이하 쪽수만 기재함)

59 2019년 7월 4일(목) 14시 40분과 7월 21일(일) 15시에 경북 상주시 구술자 자택에서 진행한 이인심(1932년생, 경북 상주)의 구술 참조.(이상의, 2021.12 「길에서 강제동원되어 동양방적에서 2년을 보낸 이인심」『작가들』79, 233~234쪽. 이하 쪽수만 기재함)

가는데 그 두 명은 이제 살았구나' 하는 생각이 들었다. 김천에서 '벤
토'로 점심을 먹었다. '벤토'에는 밥 안에 살구 한 알만 쏙 박혀 있었
다.[60] 기차를 타고 서울에 도착해서 저녁을 먹었다. 그리고 다시 빨리
가는 큰 차를 타고 인천으로 갔다.[61]

양씨는 연수동에서 5명, 이웃 동네에서 5명, 10명이 같이 출발했다.
일행 중에는 양씨와 동갑이었던 구장 딸 가네야마도 있었다. 구장이
남의 딸만 보내기 어려우니까 자기 딸도 같이 보낸 것이다. 그래도 그
구장은 동네 사람들에게 미움이 받쳐 6·25 때 돌멩이로 맞아 죽었다.
구장 집에서 저녁을 먹고 해가 질 무렵 출발하였다. 엄마는 안 가면
좋겠다고 울고 있었고, 날마다 업어주었던 막내 동생이 '언니야 가지
마, 언니야 가지 마.' 하고 울어서 떼놓고 가는 것이 속상했다.

충주역 앞 여관에서 하루를 묵고 다음 날 첫 기차를 탔다. '꽤액-' 하
는 기적소리가 '너 데리러 왔다.'고 하는 것처럼 들려 갑자기 눈물이
쏟아졌다. 막 기차를 타려는데 엄마가 달려와 보릿가루를 전해주었다.
큰딸 모집 보내면서 배고플 때 먹으라고 밤새 보리를 구하고 볶아서
맷돌에 갈고 체에 쳐서 두어 되 되는 걸 마련해준 것이다. 일행이 탄
기차는 탄을 실어 나르는 트럭처럼 생긴 화물차였다. 무언가를 뒤집
어쓰고 얼굴을 싸매고 가느라 서로 말도 하지 못하고 밖을 내다보지
도 못했다. 한참을 가서는 어딘가에서 내려 주욱 걸어갔다. 일본에 간
다고 들었으므로 일본에 있는 공장인가보다 했다. 일행을 데려간 후
카미 선생이라는 사람은 알고 보니 공장의 일칸에서 기계를 고치는
감독 중 한 명이었다.[62] 인천에 도착해 전차에서 내리자 공장에서 나

---

60 매실을 소금에 절여 말린 일본 반찬 '우메보시'를 말하는 것으로, 주로 주먹밥이나
    도시락에 넣어 먹었다.
61 권양조(1931년생, 경북 예천)

온 사람들도 보였다. 깊은 밤 그들이 죽 서서 한참을 걸어가니 공장이 나왔다. 걷는 도중에도 사람들은 아이들이 도주하지 못하도록 단속을 했다.

이상에서 보면 노무자를 지역에서 현장으로 수송하는 과정에는 이장(구장)과 면서기, 공장 직원들이 등장하였고, 기차를 타고 가는 내내 누구인지 분명하지 않은 사람들이 기차 문 앞을 지키고 도주하는 것을 막고 있었으며, 공장 인근에서는 또 다른 공장 사람들이 나와 단속을 하였다.

캄캄한 밤에 공장에 도착해서는 회당같이 커다란 강당으로 들어갔다. 그곳에는 먼저 공장에 들어간 언니들이 죽 둘러앉아 새로 온 사람들을 지켜보고 있었다. 엄마만 눈에 선하고 너무 지쳐서 다리도 아프고 정신이 없었는데 다행히 언니들이 잘 대해 주었다. 이씨는 어디로 가는지도 모르고 그곳까지 갔는데, 언니들이 그곳이 동양방적회사라고 해서 회사 이름을 알 수 있었다. 밤 11시였는지 1시였는지 공장 안에 있는 식당으로 밥 먹으러 나오라고 했다. 나중에 보니 그 시간은 밤일하는 사람들이 야식을 먹는 시간이었다. 공장 안에서 사람들이 주욱 나오는데 바글바글했다. 권씨는 공장에 도착해서 처음에는 아무것도 못 먹고 물만 들이켰다. 집 생각이 나서 음식이 넘어가지 않았다.

도착한 다음 날 아침 공장에서는 일행을 데리고 다니면서 공장 안을 구경시키고 설명을 했다. 낮에 본 공장은 규모가 크고, 안에 사람이 많이 있었다. 공장 건물은 일층이었는데, 일칸이 퍽 여러 칸이었다. 솜 타는 곳, 실 만드는 곳, 실 감는 곳, 베 나는 곳, 베 매는 곳, 베 짜는 곳, 광목 손질하는 곳 등 많은 작업장이 있었다. 솜 타는 데서는

---

62 양종희(1932년생, 충북 충주), 244쪽. 일반적으로 회사의 인사과 직원이 노무동원에 나갔는데, 양씨는 자신을 동원한 사람을 감독으로 기억하고 있다.

씨를 빼서 기계를 타면 조그마한 게 가늘게 나왔다. 그걸 다른 곳에
가서 둥글둥글하게 감아서 가락으로 만들면 실이 되었다. 솜 타는 곳
에서는 먼지가 많이 나서 사람들이 애를 먹었다. 하얀 모자를 쓰고 있
었지만, 머리며 사방으로 먼지가 많이 날렸다. 베 나는 데로 가면 풀
로 메어서 베 짜는 데로 가서 짰다. 광목 손질하는 곳을 거치니 광목
이 흰해졌다.[63] 그렇게 완성된 광목은 차에 실어 어딘가로 싣고 나갔
다.[64]

 양씨의 기억에 공장에 들어가서 처음 일주일간은 특별한 일을 주지
않고 공장 밥에 적응되는지를 살펴보려 했는지, 밥을 주면서 매일 몸
무게를 쟀다. 그에 비해 이씨의 기억에 의하면 도착한 다음 날 하루를
쉬게 하고는 바로 일을 주어 시작하였다. 먼저 숫자 써진 것을 읽어보
라고 했다. 다들 시력에 따라서 일칸이 배정되었기 때문이다. 눈이 나
쁜 사람은 고치를 말고 솜 타는 데로 가고, 조금 나은 사람은 물레에
서 실을 빼서 실을 감고, 눈이 좋은 사람은 베를 짰다. 일을 잘 못하는
사람은 풀 쑤는 곳으로 갔다. 권씨 일행은 도착 후 일주일 동안 실을
맺어서 한쪽에 꼬고 또 맺어서 한쪽에 꼬곤 했다. 집에서 올케언니가
베 짜는 것을 보아서인지 생각보다 일이 쉬웠다. 그렇게 사흘 정도 지
내고 나니 차츰 집 생각이 잊히고 나아졌다.[65]

---

63 1966~78년에 동일방직에서 근무했던 이총각에 의하면, 동일방직은 총 23개의 부서
  로 구성되어 있었고 그 부서들을 거쳐야 완성품이 나올 수 있었다.(안정윤 외,
  2018 『인천 공단과 노동자들의 생활문화』, 국립민속박물관, 62~63쪽)
  1930년대 조선으로 진출한 면방 대기업들은 대부분 방적과 직포를 겸영했는데, 동
  양방적 역시 그러했다. 紡績 공정은 원면을 混綿, 打綿, 梳綿, 練條하는 과정을 거
  쳐 粗紡, 精紡, 練絲의 순서로 진행된다. 그리고 捲絲, 合絲, 撚絲 및 포장 과정이
  이어진다. 織布 공정은 整經, 糊付, 製織, 마무리 공정으로 진행된다.(강이수, 1991
  앞의 논문, 65~69쪽)
64 이인심(1932년생, 경북 상주), 234~235쪽 ; 권양조(1931년생, 경북 예천)
65 이인심(1932년생, 경북 상주), 235쪽 ; 양종희(1932년생, 충북 충주), 245쪽 ; 권양조

일주일이 지난 후 새로 들어간 사람들을 기숙사 각 방으로 분배했다. 동네서 같이 간 친구들은 이때 서로 뿔뿔이 흩어졌다. 사람들을 다섯줄로 죽 세워 기숙사로 데리고 가서 인원이 줄어든 방마다 사람들을 배치했다. 방마다 나이가 많은 방장이 나와서 서로 더 나은 사람을 데려가려고 했다. 방장들은 새로 온 사람들을 지켜보면서 괜찮은 사람을 미리 점찍어 놓았다가 얼른 데려갔다. 다섯째 줄에서 첫 번째 방인 '고노이치'에서 먼저 나와 고르면 그 다음 방에서 또 골랐고, 여섯째 줄에서도 첫 번째 방인 '로쿠이치'에서 먼저 나와 고르면 또 그 다음 방에서 고르는 형식이었다.[66]

기숙사 새로운 방에 합류하면서부터 각자 작업장에 배치되어 일을 시작하게 되었다. 각 방에 들어가면 방 식구들과 일정을 맞춰 일을 다녔다. 방 식구들이 밤일을 하러 가면 들어간 사람도 밤일을 하고, 낮일을 하러 가면 그 사람도 낮일을 했다.[67] 일을 시작하면서 머리를 단발로 잘랐다. 들어가기 전에는 길게 따서 댕기를 매고 다녔는데, 머리카락이 길면 기계에 낀다고 자르라고 했다. 머리를 잘라주는 데가 없이 기숙사 방 언니들이 가위로 잘라주었다.[68]

이씨는 눈 검사를 할 때 안 보인다고 하고 모른다고 하니까 수월한 데로 가서 일을 하게 되었다. 그는 실꾸러미를 둥글게 감는 일을 맡았다. 칸칸이 한 명씩 들어가서 일하는데, 그는 세 번째 칸에 들어가서

(1931년생, 경북 예천)

[66] 양종희(1932년생, 충북 충주), 244쪽
고노이치는 5열 첫 번째 방, 로쿠이치는 6열 첫 번째 방을 말한다. 구술자들에게 낯선 경험이었던 동양방적에서의 강제동원 시절은 당시에 사용하던 일본어로 고스란히 기억되어 있다. 그 시절에 대한 그들의 기억에는 언어까지 각인되어 있음을 확인할 수 있었다.

[67] 양종희(1932년생, 충북 충주), 245쪽

[68] 권양조(1931년생, 경북 예천) ; 이인심(1932년생, 경북 상주), 239쪽

일했다. 일은 어렵지 않았지만 하루 종일 몸을 바쁘게 부지런히 움직여야 했다. 저 멀리 가서 빨리 실을 잇고 또 얼른 밀고 와야 실이 끊어지지 않았다.[69] 실꾸리를 기계에 걸고 실을 자꾸 이어서 밀고 당기면서 한 가락씩 넣어 주었다. 가락이 하나 풀리기 시작하면 일이 제대로 진행되지 않았다. 가끔 실이 끊어지면 그걸 잇지 않고 그냥 올리는 사람도 있었지만, 이씨는 양심에 걸려 그렇게 하기는 어려웠다. 또 그냥 올리다 감독에게 들키면 큰일이 났다.[70]

권씨는 베 짜는 곳으로 배정이 되었다. 처음에는 기계 두 대를 담당하게 했는데, 조금 지나니까 4대를 주고 또 조금 지나니까 8대를 주었다. 16대에 이어 그는 만 11살 나이에 18대까지 다루면서 광목을 짰다. 양씨도 눈이 좋아서 베를 짜는 곳인 '오리부'로 배치되었다. 같이 간 동네 사람 5명 중 혼자만 그곳으로 갔다. 따로 교육하는 건 없이 다른 사람이 하는 걸 보고 익혀서 일을 했다. 눈썰미가 있는 사람은 빨리 배웠고, 그렇지 않은 사람은 고생을 하면서 배웠다. 그는 베를 잘 짰다. 일을 잘 하고 눈이 좋으니까 기계 8대를 거쳐 바로 16대로 배치되었다. 키가 조그만 아이가 '쥬로쿠다이'를 짰으므로 사람들이 놀라 '다이모찌'라고 부르면서 추켜 주었다.[71] 그는 광목을 짰는데, 옆의 다른 공장에서는 각반을 짜기도 하고 두꺼운 양단양도 짰다. 만들기는 했지만, 무엇에 쓰는지, 누가 쓰는지는 알지 못했다.[72]

---

69 이씨처럼 정방부에서 실 감는 일을 했던 이총각의 회고에 의하면, 정방부서는 기계의 열기 때문에 겨울에도 작업장 기온이 30도를 넘을 정도로 매우 더웠고, 끊어진 실을 빨리 이어 생산량을 늘리기 위해 빨리 걸으라는 의미로 '1분에 140보'라는 팻말이 붙여놓고 속도를 재촉하였다.(안정윤 외, 2018 앞의 책, 62~70쪽)

70 이인심(1932년생, 경북 상주), 235쪽

71 16대의 기계를 움직이는 대단한 사람이라는 의미다.(2022년 6월 18일 3시 양종희 추가구술)

72 권양조(1931년생, 경북 예천) ; 양종희(1932년생, 충북 충주), 245쪽

2) 작업장 풍경과 노동과정

불을 환하게 밝혀둔 공장 안은 기계 소리로 매우 시끄럽고 정전이
잦았다. 4월에 갔는데도 기계가 돌아가는 공장은 더웠다. 실 감는 곳
은 훨씬 더 더웠다. 양씨는 베짜는 일을 할 때 '쿠다'[73]라고 부르는 실
꾸리를 가져다 끼우는 사람과 같이 했다. 둘이 일하는 기계 16대의 공
간은 집 두 채를 합친 것만큼이나 넓었다. 열두 살 양씨는 키가 작아
서 기계가 가슴까지 올라왔다. 키가 큰 사람들은 앞으로 구부리고 일
을 하는데 그는 키가 닿지 않아 일이 더 힘들었다. 작업장의 구조와
기계의 높이가 어른 키에 맞추어져 있었으므로 어린 아이들에게는 일
이 더 고되고 사고가 많을 수밖에 없는 상황이었음을 알 수 있다.

북을 꽂아놓고 시동을 걸면 북이 자동으로 왔다 갔다 했다. 그렇게
하나를 살리고 또 하나를 살리고, 연이어서 열여섯 대를 살렸다. 양쪽
으로 여덟 대와 여덟 대의 기계 사이를 사방으로 돌아다니면서, 실이
걸리면 기계가 서지 않도록 이리저리 부지런히 쫓아가서 실을 이어주
었다. 가시와 빗 같은 걸 가지고 다니면서 실이 엉키는 걸 막았다. 북
실이 끊어지는 건 문제가 없었지만, 베에 자국이 남지 않도록 해야 했
다. 실이 다 빠지면 북이 탁 튀어 나오고 다시 실을 갖다 꽂으면 탁
하고 들어갔다. 얼른얼른 하지 않으면 툭툭 튀어나와 손가락 길이만
큼 사이가 벌어졌다. 그러면 그걸 다 풀어서 버리고 새로 감아서 흠이
하나도 없도록 베를 짜야 했다.[74]

공장 안에 들어가면 신경을 곤두세워야 했다. 공장에서는 기계를
조금도 식히지 않고 계속 돌렸다. 밤낮으로 기계는 계속 돌아가고 사

---

73 북의 실꾸리 대를 의미하는 일본어. 箆
74 양종희(1932년생, 충북 충주), 246쪽 ; 권양조(1931년생, 경북 예천)

〈사진 2〉 동양방적 인천공장의 작업장 내부 모습

람만 바뀌었다. 서로 자기 차례가 되면 앞사람이 일하는 동안 기계 주
변에 쌓인 먼지를 깨끗이 닦아내고 일을 시작했다. 먼지가 많으면 기
계가 죽기 때문이다. 기계는 실이 끊어지거나 늘어져도 저절로 멎었
다. 실이 엉켜도 서고 북실이 끊어져도 죽었다. 천에 흠집이 생기는
걸 막기 위해서였다. 평소 16대가 잘 돌아가다가도 사무실 사람들이
돌 때면 하나씩 하나씩 죽어버리고 8대만 남기도 했다. 점심 먹을 때
쯤 되면 사무실에서 '미마와리'[75]가 나와서 한 바퀴씩 돌면서 순찰을

75 순찰하는 사람을 의미하는 일본어. 見回り

했다. 그는 뭔가 가르쳐주지는 않고 돌아다니면서 사람들 머리를 톡톡 때리고 다녔다. 그는 지나가다 기계가 죽은 걸 보면 담당자를 마구 두드려 팼다. 뺨을 때리고, 머리를 쥐어뜯고, 사정없이 쥐어박으면서 욕을 했다. 반장도 자신이 사무실 사람한테 지적을 받고 혼나니까 먼저 때렸다.[76]

어린 시절 일이지만 그때 맞은 것은 죽을 때까지 잊히지 않을 것 같다. 공장에 가면 공부를 시켜준다고 해서 학교에 가고 싶어서 따라갔는데, 공부는커녕 공장에 넣어서 일을 해야 했고, 일을 했는데도 잘못한다고 때리고 하니 화가 났다. 그래도 그때는 너무 어려서 아무 말도 하지 못하고 그저 먹고 자고 시키는 대로 일만 했다.[77]

이씨는 공장에 있는 내내 다른 건 배우지 않고 종일 실 꾸러미 감는 일만 했다. 자신이 왜 그곳에 있는지도 모르는 채 시키는 대로 일만 했다. 공장에서는 눈만 뜨면 일어나서 세수하고 가서 밥 먹고 일을 시작해 주야장창 일만 했다. 매주 낮과 밤을 번갈아 일했는데, 어려서 조그만데 밤샘을 할 때는 졸음이 와서 애를 먹었다. 실이 풀리면 얼른 가서 이어 올리고, 또 이쪽 편에 와서 그렇게 하고 하다가 자신도 모르게 잠이 와서 선 채로 잠이 들었다. 일하는 구석에 엉덩이를 대고 밀고 가는 데가 있었다. 그걸 하나 하고 얼른 와서 들어서 잇고 또 잇고 가락이 풀리지 않도록 기계를 그대로 따라 연방연방 해야 하는데, 깜빡 잠이 들다 보면 실이 다 풀려 나갔다.

그러면 일본 사람이 와서는 갖고 다니는 작대기로 머리를 딱! 딱! 때렸다. 이씨도 졸다가 두어 번 맞은 적이 있는데, 머리를 맞으면 정신이 번쩍 났다. 일본 사람이 '바가' '코라'라고 하면서[78] 때리는데 얼마나 아팠는지 모른다. 그나마 이씨는 덜 맞았지만, 둔하고 일 못하는 애들은 참 많이 맞았다. 일본 사람들은 매일 돌아다니면서 조선 사람들을 가만두지 않았다. 작대기를 들고 다니면서 아무나 잡고 사람들 앞에서 두들겨 팼다. 야근 중에 그 사람이 다가오면 참으로 무서웠다. 이씨는 그때 일본 사람들이 때리고 못되게 군 것이 지금 생각해도 괘씸하다. 입을 삐쭉 내밀고 눈은 조그맣고 눈가에 주름이 있고 이마가 튀어나온 그 얼굴이 아직도 눈에 훤하다.[79]

공장에는 아직 어려서 일이 힘들다고 우는 아이들도 많이 있었다. 단체생활과 기계에 익숙하지 않은 농촌 출신의 어린아이들이 매일 장시간을 선 채로 기계의 흐름에 따라 쉼 없이 규칙적으로 움직이면서 높은 강도의 노동을 하는 것을 감당하기 쉽지 않았기 때문이다. 더욱이 아직 어려서 키가 작고 노동 숙련도가 낮은 이들에게는 일이 더 고되게 느껴졌다.

공장에서 일하는 사람들은 전부 조선인 여자들이었다. 작업장에서 일을 시키는 반장도 조선 사람들이었다. 일본인 여자들은 사무실에 다니는 사람만 있었다. 공장에는 드문드문 남자들도 있었다. 일본 남자들은 감독도 하고, 부서마다 기계 고치는 기술자도 있어서 연장을 차고 다니면서 기계를 고쳤다. 일본인 감독들은 돌아다니면서 누가 쉬고 있는지 누가 잘못하는지만 살피고 다녔다. 조선인 남자들도 많이 왔다 갔다 했는데, 다 모집 온 사람들처럼 보였다. 무거운 물건을 실어 나르고 쓰레기도 버리려면 남자들이 많이 필요했겠지만, 남자들

78 ばか(馬鹿)는 바보, 멍청이를 의미하고, こら는 '이놈' 하면서 상대방을 나무랄 때 쓰는 일본어다.
79 이인심(1932년생, 경북 상주), 265~236쪽. 당시 일본 사람들한테 맞은 기억 때문에 이씨는 동네 사람들이 모두 일본 여행을 갈 때도 함께 가지 않았다. 일본 사람들은 지금도 보기가 싫다는 것이 그 이유였다.

이 일칸에서 일하는지 아니면 딴 데서 일하는지는 알 수 없었다.[80]

이씨는 언니들이 '센닌바리'를 가져오면 한 바늘씩 수놓는 걸 서너 차례 해준 적이 있다.[81] 군대 가는 남자들이 안전하게 돌아오도록 한 바늘씩 떠달라고 하는 것이었다. 공장에 있던 남자들이 군대에 가면 그 사람을 위해 해주는 것 같았다.[82] 여자 기숙사 옆에 담장을 엄청 높게 해놓고 남자 기숙사를 별도로 지어놓아서 남자들은 구경하기도 힘들었다. 공장에 들어온 지 몇 년씩 되는 언니들은 남자들을 만나고 싶어도 했지만, 일본 사람들은 남자들을 만나지 못하게 철저히 분리해 놓았고 식당도 따로 썼다. 밥 먹으면 바로 들어가 일만 했으므로 만날 시간도 없었지만, 일본 사람들은 아예 그런 꼴을 못봤다.

일요일이면 공장 근무를 교대해서, 일주일 단위로 낮일과 밤일을 바꾸어 했다. 낮일을 할 때는 아침 6시면 식당으로 가서 밥 먹고 공장에 들어가 일하다가 낮 12시쯤 점심을 먹고 다시 들어가 일하고 저녁 6시에 일을 마치고 밥을 먹고 기숙사로 왔다. 점심시간은 딱 정하지 않고 기계가 갑자기 서면 얼른 가서 밥 먹고 들어와서 다시 베를 짜야 했다. 점심을 먹고 다른 부서는 조금씩 쉴 시간이 있었지만, 베 짜는 부서는 베를 빨리 짜야 한다고 재촉하는 통에 쉬는 시간도 없이 밥을 먹자마자 바로 다시 들어가야 했다.[83]

공장에서 제일 고생스러운 일은 점심을 굶는 것이었다. 밤일을 할

---

80 권양조(1931년생, 경북 예천) ; 양종희(1932년생, 충북 충주), 248~249쪽
81 센닌바리(千人針)는 아시아·태평양전쟁기 일본과 조선에서 공공연히 유행했던 것으로, 출정하는 군인들의 무사 귀환을 기원하는 마음에서 1미터 정도의 흰 천에 붉은 실로 바느질을 한 일종의 부적이다. 천 명이 바느질 한 땀씩 동참했다고 하여 천인침이라는 이름이 붙여졌다. 이를 통해 일제는 가족을 전쟁터에 보낸 여성들이 스스로를 위로하게 하고, 국민적 일치감을 형성할 수 있도록 유도했다.
82 이인심(1932년생, 경북 상주), 241쪽
83 양종희(1932년생, 충북 충주), 248쪽

때는 저녁 6시에 밥 먹고 일하러 가면 밤 12시에 밤참을 주었다. 그걸 먹고 아침까지 일하다 6시에 나와서 밥을 먹었다. 그리고 기숙사에 들어가면 낮시간은 자는 시간이라고 해서 점심밥이 나오지 않았다. 낮에는 잠만 자라고 하는데, 피곤해서 잠이 들었다가도 배가 고파서 잠이 깨면 밥이 눈에 훤했다. 아침에 조금 먹고 하루 종일 있자니, 배가 비어서 잠이 들지 않았다. 그럴 때는 기숙사 밖으로 나가서 공장 안을 이리저리 돌아다녔다.[84]

기숙사 주변에는 벚나무가 있었다. 늦봄이면 그곳에 달린 버찌가 시커멓게 익어서 달았다. 양씨는 시장기를 가시기 위해 벚나무에 올라가 버찌를 따먹었다. 사람들은 자주 나무 밑에 앉아 있었다. 그러고는 공장의 힘든 생활을 서로 노래로 만들어 불렀다. 기숙사에 가만히 누워 있을 때도 그 노랫소리가 들려왔다. 누구인지 이름은 말하지 않았지만, 반장 때문에 힘들다는 내용이라는 건 누구든 알 수 있는 노래였다. 노래하는 걸 반장이 들으면 두들겨 맞곤 했는데 그래도 또 노래를 불렀다. 동양방적에서 강제동원 여공들이 불렀던 그 '노동요'를 양씨는 완벽하게 기억하고 있었다.

> 인천공장 기계야 돌지를 마라
> 어린가슴 타는 줄을 왜 몰라주나
>
> 철모르는 기계는 고장만 나고
> 빽빽한 기깐 아가씨는 눈깔만 흘기고
>
> 우리 집에 가고 싶은 맘 야마야마 있는데
> 선생님 허락 없어 못가겠네

84   양종희(1932년생, 충북 충주), 247쪽 ; 이인심(1932년생, 경북 상주), 237쪽

집에 가고 싶은 마음이 산처럼 크고 간절한데 동양방적으로 강제동원된 만 11살 여공들은 야속하게 돌아가는 기계를 보고 어린 가슴만 태우면서 노래로 슬픔을 대신하고 있었다. 노래에서는 일본식 음계가 느껴지기도 했는데, 기계가 고장나서 멈추면 반장이 눈을 흘긴다는 노래의 가사가 그들의 고된 노동의 현실을 그대로 보여준다.

양씨는 공장에서 베를 짤 때면 기계 소리로 시끄러운데 저쪽에서 '언니야 업어줘, 언니야 업어줘' 하는 소리가 들리는 것 같아서 가보면 아무도 없곤 했다. 일을 할 때도 맨날 집 생각이 났다. 엄마가 한번 와서 우리 딸이 뭘 하고 있는지 보았으면 좋으련만, 그가 모집 오자마자 아버지도 일본으로 징용을 갔으므로 아무도 면회를 올 사람이 없었다.[85]

3. 강제동원 노무자의 일상과 인식

1) 노무자의 일상과 공장 공간

공장에서는 공습에 대비한 방공훈련도 했다. 비행기 소리만 나면 '항공- 항공-' 하는 소리와 함께 불이 나가고 기계도 다 꺼졌다. 이씨의 기억에 공장 안에는 방공호가 많이 있었다. 여섯 군덴가 일곱 군덴가 있었던 공장의 건물 밑으로 다 그렇게 굴이 있었다. 밖에는 옆으로 비스듬히 파놓은 굴도 있었다. 방공훈련을 할 때는 그 뚜껑을 열고 다 들어가라고 해서 따라 들어갔다. 밑으로 내려가는 계단이 깊고 안의 공간은 좁았다. 더운 여름날 굴속에 내려가 보면 시원하긴 했지만, 물

---

85 양종희(1932년생, 충북 충주), 249~250쪽

이 질펀하고 자칫하면 빠질만한 깊은 곳도 있었다. 한참 들어가다 보면 사람들이 자꾸 밀려가서 더러 물에 빠지기도 했다. 안에서는 녹물도 떨어지고 들어갔다 나오니 옷이 다 젖어 있었다. 양씨는 지하에 한 번 들어가고는 다시는 들어가기 싫어서 다음부터는 기계 밑에서 가만히 웅크리고 앉아 있었다. 이씨는 어리다고 방공호에는 들어가지 말고 공장 건물 안에서 치마를 덮어쓰고 꼬부리고 앉아 있으라고 교육을 받았다. 방공훈련을 할 때면 사방이 조용했다. 30분이나 한 시간 정도 지나면 불이 들어오고 사람들이 다 나왔다.[86]

공장에는 식당이 군데군데 여러 개 있었다. 사무실에 붙어 있는 식당은 엄청 넓었다. 식당에는 나무로 만든 탁자가 있고, 바닥은 시멘트를 발랐는데 흙도 있고 질퍽질퍽했다. 식당에 갈 때는 각자 자신의 밥그릇을 싸가지고 다녔다. 식당에서는 밥과 국, 반찬이 나왔다. 밥하는 사람도 조선 사람들이었다. 커다란 증기솥에 쌀을 들이붓고 물을 부어 두 번 씻고 증기 스위치를 연결하면 '치익-' 하고 밥이 되었다. 삽으로 밥을 저어 대소쿠리에 퍼놓고, 사람들이 죽 줄을 서서 구멍 뚫린 곳으로 밥그릇을 들이밀면 밥을 푹 떠주었다. 밥 양이 많을 때도 있고 적을 때도 있었다. 옆으로 가서 반찬을 받았는데 별다른 게 없었다. 식당에 조금 늦게 가면 간장 같은 것이 다 떨어져 밥을 먹기가 어려웠다. 그래도 권씨의 기억에 가끔씩 일요일에는 콩조림이나 꽁치 같은 다른 반찬이 나왔고, 양씨는 양력설에는 가래떡이 한두 개씩 나왔던 것으로 기억한다. 그곳에서는 기숙사 땅을 파고 김치를 썰어서 두었는데, 바닥을 밟은 장화를 신고 들어가서 김치를 담아오는 장면을 본 후로는 먹기가 달갑지 않았다.

---

86 양종희(1932년생, 충북 충주), 255쪽 ; 이인심(1932년생, 경북 상주), 242쪽

밥과 반찬을 받으면 기숙사 방별로 큰 상에서 같이 모였다. 밥을 먹을 때는 매일 국을 먹었다. 큰 솥에 미역이나 다시마를 넣고 된장 넣고 끓이거나 무시래기를 작두로 숭숭 썰어서 된장 조금 넣고 소금 넣고 끓인 것을 나무통에 담아놓으면 그걸 한 상에 하나씩 갖다 놓았다. 기숙사 방 식구들이 상에 죽 둘러앉으면 가장 나이 많은 언니가 국자로 국을 떠서 나눠준 후에야 밥을 먹을 수 있었다. 밥 한 숟가락에 마땅한 반찬도 없었지만, 안먹으면 배가 고프니까 날마다 밥을 국에 말아서 후딱 마셨다. 어떤 사람은 얼른 먹고 국 건더기를 더 건져갔고, 또 어떤 사람은 밥을 한 그릇 더 먹으려고 그릇을 다시 들이밀었다가 안에 있는 사람들이 알아보고는 그릇을 내던지거나 빼앗아서 때리고 하는 광경도 벌어졌다.[87]

공장 밥에서는 석유 냄새 같은 것이 났다. 이씨는 그 냄새에 구역질이 나서 한동안 밥을 먹지 못했다. 다른 반찬은 없이 밝은색 된장국만 주었는데 국에 벌레가 죽어 있는 걸 보고는 비위가 약해서 그것조차 먹지 못했다. 다른 것보다 밥을 못 먹는 게 제일 서럽고 억울했다. 너무 못 먹으니까 언니들이 '저러다 죽겠다.'고 하면서 지니고 다니던 소금을 한 움큼씩 주었다. 그 소금을 아껴서 조금씩 싸가지고 다니면서 그것으로 밥을 먹었다. 시간이 꽤 지나서야 국을 안 먹으면 밥을 먹기 어려우니 할 수 없이 먹게 되었다.[88]

양씨는 사람들이 그 미역국을 먹어서 그런지 월경이 없어졌다고 했다. 공장에서 지내면서 달거리 하는 사람을 본 적이 없다. 자신도 열아홉에 혼인을 했는데, 월경이 없어 동네에서 자식을 못낳는다는 소

87 권양조(1931년생, 경북 예천) ; 양종희(1932년생, 충북 충주), 250쪽 ; 이인심(1932년생, 경북 상주), 237쪽
88 이인심(1932년생, 경북 상주), 237쪽

문이 돌아 걱정이 컸다가, 스물셋이 되어서야 월경이 시작되고 아이를 낳게 되었다. 이씨도 열여섯에 혼인을 했지만 스무 살이 되어서야 초경을 해서 시어머니의 눈치를 많이 보고 살았다. 권씨 역시 동양방적에서 귀가하자마자 열세 살에 혼인을 했는데 나이 들도록 월경이 없어서 열아홉 살에야 출산을 하였다.[89] 무월경 현상이 노동이 고되거나 환경이 낯설어서 생긴 일일 수도 있겠지만, 그럴 경우 구성원 전체가 월경을 하지 않거나 몇 년간 계속 월경을 하지 않는 일은 드물었을 것이므로 진지한 고찰이 필요한 내용이다.[90]

공장에서는 밥을 금방 먹었어도 기숙사에 들어오면 벌써 배가 고파졌다. 그런데 공장에서는 밥을 팔기도 하고 꿔주기도 하였다. 배가 고프다고 밥을 꿔서 더 먹고는 다음에 갚았다. 밥을 꾸어준 사람은 그날 밥은 굶었지만, 다음에 받으면 두 사발이 되었다. 그걸 기숙사로 가져가서 방 식구들과 같이 먹는 사람도 있었고, 일요일에 밥을 꾸어서 두 그릇을 싸가지고 밖으로 나가는 사람도 있었다.[91]

밥은 공장에서 현금처럼 쓰이기도 했다. 공장에서는 월급을 받은 적이 없다. 자신만 못 받은 것이 아니라 다른 사람들이 받는 것도 본 적이 없다. 따라서 돈이 필요하면 밥을 한 공기든 반 공기든 팔아서 써야 했다. 공장에 들어가서는 옷이 따로 나오지 않고 집에서 입던 옷차림 그대로 일을 했다.[92] 젊은 여성들, 그것도 신체가 날로 성장하는

89 권양조(1931년생, 경북 예천) ; 양종희(1932년생, 충북 충주), 251쪽 ; 이인심(1932년생, 경북 상주), 245쪽

90 이 내용에 대해서는 진위 여부의 파악과 함께 유사한 경험을 가진 곳에서 국제적인 차원의 진지한 후속 연구가 필요하다. 이와 관련, 독일 나치하의 유대인 수용소에서의 무월경 현상에 대해서는 테렌스데프레, 차미례 역, 2010『생존자 – 죽음의 수용소에서의 삶의 해부』, 서해문집, 329쪽에 일부 서술되어 있다.

91 양종희(1932년생, 충북 충주), 251쪽

92 권씨와 이씨는 공장에서 옷을 받은 적이 없다고 구술한 데 비해 양씨는 공장에 들어가면서 한차례 옷을 받았는데 그 옷을 입고 일한 기억은 없다고 구술했다. 양종

10대들에게 옷은 필수품이었으나 공장에서 제공되는 것이 없었으므로 각자 구해야 했다. 그곳에서는 다들 옷을 만들어 입었으므로 천이 필요했고, 천을 구하기 위해서는 밥을 팔아야 했다. 밥 반 공기면 윗도리 한 감 만큼의 광목을 살 수 있었다. 반 공기를 먹고 일을 하려면 배가 고파 힘들었지만, 그렇게 광목을 사서 치마를 만들어 까맣게 물들여서 입곤 했다. 윗도리도 광목을 사서 언니들이 마름질을 해주면 직접 꿰매서 만들어 입었다. 양씨는 며느리 대신 모집 온 노인에게서 마름질을 배웠다.[93]

양씨는 월급은 받지 못했지만, 한 달에 한 번씩 5전짜리 동전을 한 개씩 받은 기억이 있다. 돈 받은 주 토요일이면 떡장사가 용케 알고 공장으로 들어왔다. 시퍼런 청치쌀[94]로 만든 손바닥만한 길이의 떡이 5전이었으므로 그걸 사 먹었다. 그때만 해도 월급이 뭔지도 모르고 배가 고픈데 5전을 주니까 그저 좋아하면서 떡을 사 먹곤 했다. 생각해보면 누구한테 월급을 달라는 말도 하지 못하고 '나 죽었소.' 하면서 그저 시키는 대로 고공살이만 하다가 온 것 같다. 아니 시키는 대로 하지 못하면 두드려 맞고 밀치고 했으니 고공살이만도 못했다.[95]

양씨는 출발 전 엄마가 싸주신 보릿가루를 오랫동안 두고 먹었다. 한 공기씩 싸서 호주머니에 넣었다가 배가 고플 때면 입에 넣고 우물우물하고 물을 마시면 괜찮아졌다. 곁에 있는 사람들이 고소한 냄새가 난다고 달라고 해서 한 공기씩 나눠줬더니 광목을 두 마씩 가져다줬다. 구경도 못하던 광목을 쌓아놓고는 기분이 엄청 좋았다. 그런데

희 추가 구술 2022년 6월 14일

93 이인심(1932년생, 경북 상주), 238쪽 ; 양종희(1932년생, 충북 충주)
94 청치쌀은 설익은 벼의 왕겨를 벗겨낸 것으로, 제대로 익지 않아 푸른빛을 띤 쌀을 말한다.
95 양종희(1932년생, 충북 충주), 252~253쪽

어느 날 일을 하고 와보니 회사 사람들이 방을 뒤져 광목을 다 가져갔
다. 그 광목은 공장에서 여럿이 밤에 몰래 한 통을 찢어서 나눠 각자
여기저기 넣어서 가지고 나온 것이었다. 그곳에서 옷을 해 입으려면
광목이 필요했지만 구할 수 없었으므로 나이 많은 언니들이 잘라서
다 나눠준 것이다. 그래서인지 때때로 사무실에서 나와 방을 조사했
다. 아무도 없을 때 기숙사를 싹 뒤져서 나오는 것이 있으면 다 가져
갔다.[96]

광목을 짜는 곳이었지만 공장에서는 광목을 주지 않았다. 한창 키
가 자라는 사람들에게 먹을 것도 입을 것도 부족한데 나오는 것이 없
으니 공장에서는 가끔 광목을 훔쳐가는 사람이 있었다. 공장에서 일
이 끝나면 줄을 서서 앞문으로 나와야 기숙사에 가거나 밥을 먹으러
갈 수 있었다. 그 문에는 항상 일본 남자 두 명이 양쪽에 버티고 서서
나오는 사람마다 한 명은 앞뒤로 쓰다듬고, 또 한 명은 양옆으로 쓰다
듬으면서 몸 검사를 했다. 그 사람들은 늘 누가 광목을 가져가는지 감
시하는 일만 했다. 그러다가 누가 뭔가 가져가는 걸 찾으면 한쪽에 세
워두었다가 인정사정없이 때렸다. 언젠가 마당 한 편에 뭘 많이 쌓아
놓았는데 거기에 뭘 훔치러 들어갔는지 조선인 남자가 붙들려서 두드
려 맞은 적도 있었다. 밖에까지 타닥타닥하고 사정없이 때리는 소리
가 들렸고 '십분만 유루시테, 십분만 유루시테'라고 하면서 용서해 달
라고 하는 소리가 들렸다. 불쌍하면서도 그냥 밥 굶고 그것으로 사지
뭘 훔쳐서 저렇게 두드려 맞나 하는 생각도 들었다.

권씨는 잘못한 것 없이도 몸 검사하는 사람들이 무서워서 주변을
잘 둘러보지 못했다. 공장 정문 주변에 지키는 사람이 있었는지도 모르

96 권양조(1931년생, 경북 예천) ; 양종희(1932년생, 충북 충주), 251쪽

고, 안으로만 다녀서 건물이 어떻게 생겼는지도 모르고, 어떤 건물이 있는지도 몰랐다. 철이 없이 그저 고개를 숙이고 옆도 안보고 고분고분 시키는 대로 베짜는 일만 하고 누구하고 싸우지도 않으려고 했다.[97]

기숙사는 일층 건물로 복도가 있고 그 왼쪽으로 죽 열 줄도 넘는 열이 있었다. 한 줄마다 방이 옆으로 여러 개 있었고, 좁은 마루가 있었으며 그 끝에는 화장실이 있었다. 방마다 12~13명이 있었는데, 시간이 지나면서 사람이 점점 많아져서 15명이 있기도 했다.[98] 방 식구들은 또래는 별로 없고 다들 언니들 같았다. 잘 때는 양쪽으로 누워서 잤는데, 시커먼 이불을 한두 채씩 깔고 또 한 채를 덮고 잤다. 이불 하나를 펴고 위를 접고, 또 하나를 펴고 위를 접으면 긴 베개가 되어 여럿이 누워 잘 수 있었다. 제일 나중에 들어온 사람이 이불도 깔고 방도 쓸고 닦고 세숫물도 떠주는 등 방 식구들 심부름을 해야 했다.[99]

그래도 방 식구들은 밥 먹을 때와 잠잘 때만 모이고 일할 때는 서로 따로 했으므로 누가 어디 가서 무슨 일을 하는지는 잘 알지 못했다. 각자 일 끝나고 나오면 밥 먹고 자고 심부름을 하고 나면 힘들어서 서로 얘기 한마디 하기 어려웠다. 밥 먹으러 갈 때 줄 서서 가고 또 시간 맞춰 일하러 들어가고 서로 자기 일하느라 바빴다. 여차하면 밥을 못 먹을 때도 있었다. 일요일에 교대하는 시간을 빼면 휴일도 없었다. 시키는 일만 해도 기숙사 사람들과 서로 친구삼을 여가가 없으니 나이도 고향도 잘 알지 못했다. 그래도 일할 때와 달리 기숙사에서는 긴장하지 않고 아무 생각 없이 있을 수 있었다. 말을 잘 들어서 그런지 언니들이 실도 주고 바느질도 가르쳐주고 때로는 네모반듯한 광목도 가져다주었다.[100]

기숙사 화장실 옆에는 샘이 있었다. 비누 같은 건 제대로 없었지만, 그곳에서 세수도 하고 간단하게 목욕도 했다. 언니들은 발가벗고 목욕을 하기도 했지만 어린 사람들은 겁이 나서 가만가만 씻었다. 아직 어린 이씨는 키가 작아서 세면을 할 때도 매달려서 했다. 기숙사 방은 다다미방이었는데, 불을 때지 않아 몹시 추웠다. 허연 광목으로 만든 이불을 깔았지만, 기숙사 바닥은 매우 차가웠다. 밤일을 하고 나면 워낙 힘들어서 한숨씩 잠이 들었는데, 바닥이 차서 잠을 잘 못 이룰 때도 있었다. 기숙사 안이 추우면 자주 풀밭의 땡양지에 나가서 앉아 있곤 했다. 그럴 적이면 엄마 생각, 집 생각만 났다. 공장 문밖에서 아이들이 모여서 노는 소리가 들리면 어린 동생들 생각이 나서 벚나무에 올라가 앉아서 울곤 했다.[101]

풀밭에 앉아 있으면 조그만 게 여러 마리가 왔다 갔다 했다. 언니들이 공장이 바다 곁에 있다고, 기숙사 뒤가 바다라고 했다. 그래도 바다 구경은 못 해봤다. 듣기에 공장 터는 주변의 공동묘지를 뜯어 바다를 메워서 만들었다고 했다. 권씨는 언젠가 친구들과 공장 바닥에 있는 것을 떠들어 봤더니 바람이 쉭쉭 올라오고 밑에는 물이 있었다. 그래서 그런지 기숙사 마루는 바닥이 축축했다. 아침이면 게가 뚫고 나왔다가 사람들이 기척을 보이면 쑥 들어갔다.[102]

100 양종희(1932년생, 충북 충주), 245쪽 ; 권양조(1931년생, 경북 예천)
101 양종희(1932년생, 충북 충주), 249쪽 ; 이인심(1932년생, 경북 상주), 240쪽
102 이인심(1932년생, 경북 상주), 240쪽 ; 권양조(1931년생, 경북 예천) ; 양종희(1932년생, 충북 충주), 253쪽

공장에서 밖으로는 나가지 못했지만, 안에서는 돌아다닐 수 있었다. 그래도 대개는 사무실에는 한 번도 가본 적이 없다. 일하러 공장에 가고 밥 먹으러 식당에 가고 잠자러 기숙사에 가고, 그밖에는 마당에 나가는 것이 다였다. 공장 문 앞으로 들어오는 곳이 마당이었다.

공장 안에는 뭔가 사먹는 곳도 없었다. 언니들은 광목을 조금씩 가져와 담 밖으로 던져주고 가래떡이나 오징어를 받아먹기도 했다. 담장이 높았지만 훌쩍훌쩍 물건을 던졌다. 공장에 서로 들락거리는 사람들과 알고 지냈으므로 몇 시에 어떻게 해라 하면 담 밖에서 말하는 것이 다 들렸다. 담장 밑에 가늘게 구멍도 나 있었다. 잠이 안 들어 밖에 나갔다가 언니들이 그런 걸 받아서 먹는 걸 보면 배가 고파서 눈물이 났다. 마음씨 좋은 언니들은 한 개씩 주기도 했지만, 그럴 때는 입맛만 다시기 뭐해서 다른 곳으로 옮겨갔다. 언니들은 일요일에는 허락을 받고 월미도에 가서 구경을 하고 오기도 했지만, 이씨는 가보지 못했다. 공장에 일단 들어간 후에는 일만 하고 밖에는 한 번도 나간 적이 없다. 그대로 갇혀 있다가 해방된 후에야 처음 공장 문밖으로 나왔다.[103]

공장에는 큰 문이 있어서 차가 들락거렸다. 그 옆에는 사람이 드나드는 작은 문이 있고 옆으로 숙직실도 있었다. 이씨가 어느 해 섣달 일하고 나오니 누가 면회를 왔다고 했다. 나가보니 아버지가 상복을 입고 반 갓을 쓰고 버드나무 지팡이를 짚고 오셨다. 할머니가 돌아가셨다고 했다. 할머니 소식에 놀랐지만, 그래도 공장에서 휴가를 보내주지 않아 집에는 갈 수가 없었다. 부모님이 면회를 와도 공장 안에는 들어와 보지도 못하고 면회실에서 잠깐 앉아서 이야기하다 가면 그만이었다. 아버지도 공장에는 들어오지 못하고 문 앞 면회실에서 이씨

---

103 이인심(1932년생, 경북 상주), 240~242쪽

를 붙들고 울면서 잠깐 지켜보고는 다른 데 가서 주무신다고 갔다. 이씨는 그냥 기숙사로 들어갔다. 면회실에는 의자가 하나 있었는데, 그게 두고두고 기억에 남았다. 아버지가 조그만 단지에 고추장을 가지고 와서 언니들과 나누어 먹었다. 언니들에게 소금을 많이 얻어먹었는데, 그것으로 갚을 수 있었다. 정혼을 하고도 집 앞에서 붙잡혀 온 권씨 역시 아버지가 공장까지 면회를 왔지만 잠시 만나보고는 곧장 다시 일하러 들어가야 했다.[104]

공장 뒤에는 신사처럼 기도하면서 공들이는 데가 있었다. 일본사람들이 가끔 그곳에서 무슨 날이다, 무슨 행사다 하면서 기모노를 잘 차려입고 띠를 매고 뭔가 쓰고 절을 하면서 공을 들였다. 멋있게 해놓고 계단을 올라가서 기도를 열심히 했다. 기숙사 주변에 있는 나무는 작았지만 그쪽에 있는 나무는 컸다. 일본사람들이 자기들끼리만 가고 노무자들은 들어가지 못하게 막아서 가보지는 못했다.[105]

공장에 들어가고 시간이 좀 지나자 몸 사방에 부스럼이 생겼다. 부스럼에서는 진물이 질질 흘렀고 좀처럼 낫지 않았다. 같은 이불에서 두 명씩 잤으므로 아파도 옷으로 가려서 다른 사람에게 진물이 묻지 않도록 하느라 신경이 쓰였다. 옷이 스치기라도 하면 딱지가 떨어지고 더 아팠다. 약이라도 있으면 바르고 나았을 텐데, 이씨는 공장에 병원이 있는 줄도 모르고 그 부스럼을 그냥 다 앓았다.[106] 옴병이었다.[107]

104 권양조(1931년생, 경북 예천) ; 양종희(1932년생, 충북 충주), 255쪽 ; 이인심(1932년생, 경북 상주), 242쪽
105 이인심(1932년생, 경북 상주), 242~243쪽
106 이인심(1932년생, 경북 상주), 239쪽
107 옴진드기에 의해 발생하는 강한 피부질환의 일종으로, 심한 가려움증을 동반한다. 전염성이 높아 밀집된 생활을 하면 감염 확률이 높아지며, 환자와의 직접 접촉이 없어도 침구류나 방 등을 공유하면 전염될 수 있다.(삼성서울병원 질환백과 '옴' 참조)

공장 사람들 중에는 옴병에 걸리지 않은 사람이 없었다. 양씨도 공장
에 들어가면서 바로 옴병에 걸렸다. 손가락만한 자국이 생기더니 얼
마 안 되어서 시커메지고 지워지지 않았다. 점점 손목과 발가락, 겨드
랑이, 오금, 사타구니에도 옴이 생겼다. 성격이 적극적인 양씨는 밤일
을 마친 날 낮에 배가 고파 이곳저곳 돌아다니다가 병원을 찾은 후 병
원에서 심부름도 하고 치료도 받았다. 공장에 인원이 많아서인지 병
원은 규모가 컸다. 병원 안에 환자도 수북하고 간호사와 의사도 많았
다. 특히 옴병에 걸린 환자가 바글바글했다. 양씨는 병원에 자주 드나
들면서 주사를 맞고 약도 바르고 '웅-' 하는 소리가 나는 통 속에 들어
가 소독도 했지만, 공장에서 나올 때까지 옴은 낫지 않았다.108

　해방 후 귀가해서 양씨는 가족에게 옴이 옮을까봐 이불을 돌돌 말
고 윗목에서 따로 잤다. 옴이 없어졌다가도 뿌리가 안 빠지고 날이 축
축하면 또 나오고 또 나오고 해서 오랫동안 고생을 했다. 동네 약방에
서 받은 수은으로 치료를 하고 스물세 살이 되어서야 나았다.109 그래
도 옴 있던 자리가 다 헐어서 시퍼렇게 자국이 남았다. 수은 때문인지
양씨는 장성한 자식들 둘을 암으로 잃었다. 양씨와 같이 동양방적에
동원되었던 구장 딸 가네야마도 옴에 걸렸는데, 집에 온 지 20일 만에
사망하고 말았다.110

　공장에는 아픈 사람들이 많았다. 그래도 대부분 치료를 못하고 다
들 그냥 앓고 있었다. 각기병에 걸린 사람들이 많았는데, 앓다가 죽은

---

108 양종희(1932년생, 충북 충주), 253~254쪽
109 이 시기 옴병에 대한 민간요법으로 수은을 활용한 경우가 있었다. 예컨대 경상남
　　도에서는 마른 쇠똥을 태워 그 연기를 쐬거나, 수은과 유황을 화롯불에 태워 환자
　　의 목 밑을 보자기로 싸고 그 위에 쐬거나, 비소와 수은을 혼합해서 몸에 바르거
　　나 연기를 쐬고, 혹은 수은과 유황을 태워 그 연기를 마시기도 했다.(한국민족문화
　　대백과사전 '민간의료' 참조)
110 양종희(1932년생, 충북 충주), 254쪽

사람도 있었다. 아픈 사람들은 집으로 보내주지 않고, 그 사람들끼리 기숙사 같은 방에 모아 두었다. 각기병에 걸리거나 이질에 걸린 사람, 몸이 아픈 사람은 끄트머리 방에 따로 격리해 두었고, 다른 사람들과 같은 방에 배치되지 못하거나 소변을 가리지 못하는 사람들만 모아둔 방이 따로 있었다. 그 방은 기숙사에서 제일 넓은 방이었는데, 냄새가 나니까 일하러 갈 때도 미닫이문을 활짝 열어 젖혀 놓았지만 지린내가 나서 코를 들이대기가 어려웠다. 그 방에 있는 사람들도 일은 똑같이 해야 했지만, 별도로 치료는 해주지 않았다.[111]

아픈 사람들은 병원에도 제대로 안 데려갔으므로, 죽는 것만도 못하게 앓다가 그만 죽어갔다. 사람들이 죽으면 작고 네모반듯한 널판 위에 올려두고 꽃으로 덮어씌워서 우마차 같은 달구지에 실어 나갔다. 죽은 사람은 정문으로 나가지 않고 담장 끝쪽에 있는 샛문으로 나갔다. 기숙사에서 자다 일어나 맞은 편을 건너보면 죽은 사람을 꽃행상을 해서 돌돌돌 밀고 나가는 것이 보였다. 연락을 해주었는지는 모르지만 식구들은 오지 않았다. 그걸 본 다른 사람들이 '우리도 죽으면 저렇게 될 텐데'라면서 걱정을 했다. 이씨는 달구지가 샛문 밖으로 나가서 그만 화장터로 간다고 들었다. 그에 비해 양씨는 공장 안에 있으면 다 숙맥이 되는지 그 시신이 어디로 가는지도 몰랐다고 술회하였다.[112]

양씨는 해방이 되기까지 공장 밖에 나가본 적이 없다. 공장 문 앞에는 경찰서처럼 항상 사람이 지키고 있었고 그 옆으로 담장이 있었다. 그쪽으로 가면 '왜 나와?' 하면서 못가게 하였다. 기숙사 담장은 높았

111 권양조(1931년생, 경북 예천) ; 양종희(1932년생, 충북 충주), 254쪽 ; 이인심(1932년생, 경북 상주), 239쪽
112 양종희(1932년생, 충북 충주), 254쪽 ; 이인심(1932년생, 경북 상주), 239쪽

고 담장 옆에 '호리가타'[113]도 해놓았다. 회사무리 담장에는 도망치는
걸 막으려고 가시철조망을 옆으로 눕혀놓았다. 양씨 일행보다 닷새
늦게 들어온 사람들이 있었는데, 그중 한 명이 무등을 태워 한 명씩
한 명씩 올려 보내 5명이 도망을 쳤다. 밑에서 받쳐주던 사람은 도망
을 못가고 붙잡혔는데, 죽지 않은 게 다행이라고 할 만큼 심하게 두들
겨 맞았다.[114]

2) 해방과 귀환 과정

권씨는 공장에 동원된 이래 이게 무슨 일인가 하는 생각으로 하루
하루를 보냈다. 5개월째 되던 어느 날 공장에서 집으로 가라고 했다.
권씨의 아버지가 딸이 붙들려 간 걸 알고 예천군에 찾아가서 공장에
전화를 했다. 집으로 보내줄 때까지 계속 전화를 걸었고, 결국 공장에
서 권씨를 귀가시키기로 한 것이다. 사무실에서 '너는 왜 이렇게 전화
가 오느냐'고 하는 말을 듣고서야 아버지께 전화가 온 걸 알고는 감동
이 북받쳤다. 아마 정혼을 해두지 않았으면, 또 아버지가 그렇게 계속
연락하지 않았으면 못 나왔을 것이다. 먼저 나온다고 하니 사람들이
'너는 좋겠다.'고 하면서 부러워했다. 나올 때는 아무 것도 들고 나오
지 못했다. 공장에서 준 것은 없었고, 같은 방 언니가 광목 쪼가리를
주면서 앞치마를 만들어 입으라고 한 것으로 만든 적삼을 접어서 가
지고 나온 것이 다였다.

감독이 어느 일본사람에게 권씨를 예천군까지 데려다 주라고 했다.
그는 김천까지 데려다 주고 예천에 가면 아버지가 오기로 되어 있다고

하고 지도로 여기저기 짚어주고는 어디론가 가버렸다. 예천으로 가려면 김천에서 기차를 타고 가야 하는데, 김천은 인천에 갈 때 처음 가본 터라 어디서 타야 하는지, 얼마나 가야 하는지 몰라 겁이 덜컥 났다. 이 사람 저 사람에게 물으니 열여섯 정거장을 가라고 했다.[115] 그렇게 예천역에 갔지만, 머리를 잘랐기 때문인지 기차 문이 많아서인지 아버지는 만나지 못했다. 해가 지고 집까지 거리가 멀어 무서웠지만, 다섯 달 전 인천으로 갈 때의 기억을 살려 갈대밭도 지나고 다리도 건너면서 죽기살기로 겨우 집에 도착할 수 있었다.

길이 엇갈린 아버지는 딸이 오기로 했는데 안온다고 걱정이 태산인 상태로 다음날 돌아왔다. 권씨를 보고는 공출을 안 보내려고 11살이나 많은 사람하고 정혼시켰는데 어린 애를 붙잡아 가서 이 모양이 되었다고 하면서 부모님도 울고 권씨도 울고 오빠들도 울어 집안이 한바탕 울음바다가 되었다. 집에서는 그가 동양방적으로 동원되었는데도 큰 오빠가 또 일본으로 징용을 갔다. 권씨는 귀가 후 정혼한 사람과 곧바로 혼례를 올렸다. 그의 나이 열세 살, 만으로 열한 살이던 때 동양방적으로 그 어린 애를 데려가 고생시켰다는 생각을 하면 지금도 분하다. 나중에 들으니 동양방적 건물이 다 무너졌다고 한다. 권씨는 그때 나오지 않고 좀 더 있었으면 공장이 무너지는 걸 볼 수 있었을 텐데 하는 생각을 한 적도 있다.[116]

양씨는 1945년 8월 15일 낮 점심을 먹고 식당에서 나가는데, 식당 바로 옆 사무실에서 일본 사람들이 라디오에 다 들러붙어 귀를 기울이고 있었다. 무슨 말인지 알아듣지 못했고 누가 말해주지도 않았다.

---

115 경북 김천에서 영주까지 운행했던 경북선을 말하는 것으로, 김천, 옥산, 청리, 상주, 백원, 함창, 점촌, 용궁, 개포를 거쳐 예천으로 이어졌다.

116 권양조(1931년생, 경북 예천)

공장에 들어가서 옆 사람들에게 일본 사람들이 라디오에 붙어 있더라고 얘기했지만, 누구도 왜 그러는지 알지 못했다.

그 이튿날부터는 공장에 나가지 못했다. 기숙사에 있으면서 일을 가지 말라고 하는데, 배가 고파 나가서 돌아다니고 내다보고 나무 밑에 서있고 했다. 그때는 기숙사와 식당은 다닐 수 있었지만, 공장 문밖으로는 나가지 못하게 했다. 닷새쯤 지나니 공장문을 닫았고 일본 군인들 여러 명이 들이닥쳤다. 그들은 공장에서 뭔가를 주도했고, 지킬 것도 없는데 총을 들고 지키고 있었다.

다음날쯤 공장 밖에 나가서 구경을 하고 오라고 해서 주변 지리를 아는 사람을 따라서 줄서서 나갔다. 사람들이 죽 서서 5전씩 내고 뽀얀 콩물에 우뭇가사리를 넣은 음식을 사먹었다. 바닷가 음식이라 그런지 비린내가 확 끼쳤다. 공장 옆에는 바다가 있었는데, 똥덩어리가 드글드글했다. 공장에서 바다로 내려가는 도랑도 보였다. 공장에서 화장실에 똥이 차면 물을 붓고 작대기로 쑤시면 쭉 내려갔는데, 그게 도랑을 통해 바다로 간 것이다.

양씨는 해방이 되고 공장 밖에 나가서야 자신이 인천에 간 걸 알았다. 모집 갈 때 일본에 간다고 해서 일본으로 간 줄만 알았다. 충주에서 다른 곳으로 나가본 적이 없었으므로 동양방적이 있는 인천이 일본인지 한국인지도 알지 못했고, 안에 있는 내내 자신이 일본에 있는 줄로만 알았는데 그게 아니었다.[117]

인천을 한 바퀴 돌고 온 다음 날 일본 군인들이 공장에 있는 사람들

117 양종희(1932년생, 충북 충주), 256~257쪽
구술자는 해방이 되어 공장 밖으로 나가기 전까지 자신이 일본에 있다고 생각했다. 그때의 기억이 겹쳐져 '한국'이라는 표현을 한반도와 고향(충청북도 혹은 마을 주변) 두 가지 의미로 사용하고 있다. 또 자신의 고향을 벗어난 지역을 전라도로 인식하여 공장의 다양한 구성원을 전라도 사람들이라고 불렀다.

에게 집으로 가라고 했다. 가는 길을 몰라 어쩔 줄 몰라 하고 있는데, 그를 공장으로 데려간 일본인 감독이 기숙사로 와서 집으로 가라고 하면서 양씨를 데리고 나왔다. 왜 그러는지 물었지만 말을 해주지 않아서 해방된 줄도 모르고 그냥 집에 보내주는 것으로 알았다. 인천 어디로 데려가 기차를 태워줘서 집에 올 수 있었다.

양씨를 보내면서 일본인 감독이 인견 두 마를 싸주었다. 그 외 공장에서 돈을 받지는 못했다. 죽도록 일만 했는데 돈은 한 푼도 못 받고 공일만 해주었다. 그래도 돈 얘기는 꺼내보지도 못했다. 그렇게 2년 넘게 공장에 있었지만, 그래도 7년 됐네, 8년 됐네 하던 언니들에 비하면 고생을 덜 한 편이다. 그를 동원한 일본인은 그가 귀찮게 해서인지 그를 많이 봐줬다 싶다. 하지만 지금이라도 그를 만나면 '어린아이를 데려다가 '쥬로쿠다이'를 하라고 시켜서 뱅뱅 돌아다니느라고 얼마나 고생했는지 모른다. 나이 든 사람도 하기 어려운 일을 어려서 두들겨 맞을까봐 겁나서 한 거다.'라고 말해주고 싶다.

해방이 되자 큰딸 소식을 모르는 어머니는 며칠을 충주역에 나와 양씨를 기다렸다. 그래도 못 만나고 나중에야 양씨 혼자 충주역에 도착해서 걸어서 집으로 갔다. 그가 동양방적으로 간 이후 집에서 또 동원되어 일본으로 가신 아버지는, 귀국 길에 목선을 타고 오다가 배가 흔들리면서 못에 몸이 찔려 헐어서 돌아오셨다. 몇 년 동안 어머니가 혼자 아이들을 데리고 고생하였는데, 결국 아버지는 얼마 후 돌아가시고 말았다. 강제동원으로 인한 고통을 온 가족이 오래도록 겪은 것이다.[118]

이씨 역시 고생스럽게 일만 하다가 열네 살에 해방이 되었다. 해방

118 양종희(1932년생, 충북 충주), 257~258쪽

이 되었어도 공장에서는 아무도 모른 채, 갑자기 밖으로 돌아다니지 못하게 하여 방안에 모두 가만히 앉아 있어야 했다. 며칠 동안 일을 다 중단한 상태로 있다가 그 길로 공장 문을 닫았다. 나이 많은 언니들이 알아보고 해방이 되었다고 쑥덕쑥덕해서 그제야 해방된 걸 알았다. 공장에 있던 일본 감독이랑 일본 사람들은 다 가버리고 없었다. 밥해 주는 조선 사람과 문 지키는 사람만 있었다. 공장의 큰 문은 잠가놓았고, 한쪽 옆의 사람 들락거리는 작은 문만 열려있었다. 누가 가면 가고 오면 오고, 관리하는 사람도 간섭하는 사람도 아무도 없었다. 어떤 사람은 가족이 데리러 와서 함께 나갔고, 집 주소를 아는 언니들은 자기들끼리 떠나갔다. 어려서 어디가 어딘지 모르고 갈 줄을 모르는 아이들은 그대로 다 남아있었다.

며칠이 지난 후 같이 공장에 있던 육촌언니를 데리러 당숙이 공장으로 왔다. 이씨도 다행히 그를 따라서 상주로 갈 수 있었다. 그가 나올 때도 누군가 데리러 오기만 기다리는 아이들이 많이 남아있었다. 기찻길에 비어있는 석탄차만 다녀서 그걸 타고 인천에서 상주까지 갔다. 그 먼길을 까만 치마를 포옥 덮어쓰고 눈만 내놓고 가는데 바람이 불면 탄가루가 펑펑 날렸다. 어둑어둑해서 상주에 내렸고, 한참을 걸어가 당숙 집에 도착해 잠이 들었다.

다음 날 아침 집으로 출발했다. 전에 다녀간 적이 있어서 길이 기억났다. 짐이라곤 옷 서너 벌 입던 것뿐이었으므로 그걸 들고 좋아서 흔들흔들하면서 갔다. 동네에 들어서니 사람들이 어린 게 어떻게 혼자 집을 찾아왔느냐고 난리가 났다. 그가 집에 들어서자 엄마가 보고는 깜짝 놀랐다. 엄마는 이씨를 보내놓고 몇 달을 그렇게 울었다고 했다. 아버지가 면회를 다녀간 다음에야 살아 있나보다 하고 생각했다고 한다. 어떻게 그 먼 길을 혼자 찾아왔는지 생각해보면 그 시절이 끔찍하다.

그런데 집에 도착해보니 아버지가 없었다. 부산에 있는 방적회사에 간 외사촌 언니를 데리러 갔다고 했다. 딸은 놔두고 질녀를 먼저 데리러 갔다고 하니 속이 상했다. 부모 모두 마음이 좋은 사람이라 딸 먼저 데리러 갔다는 소리를 듣지 않으려고 했던 것이다. 이씨가 도착한 날 저녁 아버지가 외사촌 언니를 데리고 온다고 해서 뛰어 나갔다. 언니는 공장에 있은 지 오래되어서 보따리가 있었는데, 아버지가 그걸 짊어지고 걸어오는 걸 보니 부아가 났다. 아버지에게 왜 언니를 먼저 데리러 갔느냐고 퉁명스럽게 물었다. 아버지가 이씨를 붙들고 미안하다고, 내일 너를 데리러 가려 했는데 어떻게 왔느냐고 울면서 물었다.

집에 와서 보니 친척 중에도 동원된 사람들이 많았다. 친사촌 오빠는 징용 갔다 돌아왔고, 고종사촌 오빠는 일본에 군인으로 갔는데 죽고 돌아오지 못했다. 외사촌 언니는 부산 방적회사로 갔고, 육촌 언니는 인심과 같이 인천 동양방적에 있었다. 가까운 친척 간에 다섯 명이나 동원되었으니 그야말로 일가족이 강제동원의 피해자였다.[119] 강제동원은 이렇게 계급에 따라 다르게 체감되면서, 해방 후에도 흔적을 남겼다.

맺음말

이상에서 1930년대 일본 방적업계의 대기업 동양방적이 조선으로 진출하고 성장한 배경을 고찰하고, 동양방적에 동원된 사람들의 구술을 통해 일제 말기 유년 여성의 강제동원 과정과 노동과정, 귀환과정에

---

119 이인심(1932년생, 경북 상주), 243~245쪽

대해 살펴보았다. 이하에서는 본론의 내용을 요약하는 것으로 결론을 대신한다.

동양방적주식회사는 일본 오사카에 본점을 둔 대기업이다. 동양방적의 조선 진출은 일본 국내에서 기업 간의 경쟁이 치열해져 중요산업통제법이 실시되는 한편 공장법의 시행과 국제노동기구의 가입으로 1929년부터 16세 이하의 심야작업이 금지된 것이 계기가 되었다. 조선의 면직물 수요가 많고, 다른 지역으로의 수출이 원활하였으며, 조선총독부의 대기업 유치 지원책이 활발했던 것도 조선 진출의 이유가 되었다.

조선총독부와 인천부의 적극적인 행정지원을 받으면서 1934년부터 인천에서 조업을 시작한 동양방적은, 공장법이 없는 조선의 상황을 이용해 24시간 기계를 돌리면서 심야작업을 하고 저열한 노동조건으로 조선인을 고용하였다. 동양방적은 인천공장 경영 1년 만에 곧바로 경성공장 설치를 추진하였는데, 이 두 공장은 동양방적 그룹 내에서 '달러박스'로 불릴 정도로 높은 수익을 올리면서, 조선의 4대 방직업체로서 전체 면직물의 1/3을 생산하기에 이르렀다.

중일전쟁 발발 이후 군수품으로서 면포의 수요가 급증하였다. 이에 일제는 민간의 면포 수요를 제한하기 위해 면포를 배급하는 체제로 전환하고, 소규모의 민영공장을 점차 폐쇄하여 군수품을 생산하는 대기업 중심으로 면방직업계를 재편하였다. 이 시기 동양방적은 군복용 면직물과 우비 등의 군수품을 생산하면서 성장을 거듭하였다. 생산에 필요한 노동력은 군수산업에 대한 조선총독부와 각 지방의 체계적인 행정 지원에 의해 강제동원해서 충당할 수 있었다.

위원회에 신고된 피해신청서에 의하면, 동양방적은 9살 여아까지 노무자로 동원한 바 있다. 필자가 면담한 구술 채록 대상자 3명도 모두 만 나이 11살에 동양방적에 동원되어 강제노동을 했다. ILO의 협약은 물론이고, 일본의 공장법, 전시에 노동력 확보를 위해 누차 동원 범위를 확대하면서 변경된 어떠한 법령의 범주에도 포함되지 않는 불법적인 아동노동을 일제가 조선에서 자행하였음을 보여주는 구체적인 사례다.

이들 각각의 구술은, 어린 시절에 면 직원과 회사 직원에 의해 강제로 동원되었다, 주야간 2교대로 하루 12시간씩 노동하였고 노동현장에서의 감시와 구타가 심했다, 음식의 질이 낮고 양이 적어 배가 고팠다, 환자가 많았고 몸이 아픈 사람들을 격리해 둔 공간이 존재했다, 임금을 받지 못했다, 공장 밖 출입이 제한되었다, 자신이 어디 있는지 몰랐고 해방될 때까지 귀가할 수 없었다는 등의 다양한 내용을 담고 있다. 모두 강제동원의 의미를 설명하는 내용들이다.

충청북도와 경상북도 출신의 구술자들은 고향에서 먼 인천에 있는 동양방적으로 동원되었다. '공출'을 피해 어린 나이에 정혼을 했는데도 집 앞에서 면직원에 의해 동원되거나, 엄마와 함께 있는 자리에서 면직원에게 '공출'된 사람, 공부를 시켜준다는 회사 직원의 말에 선뜻 따라나선 사람도 있었다. 이들은 일행의 도주를 경계하는 엄격한 감시 속에서 걷고, 여관에 묵고, 생애 처음으로 기차를 갈아타는 낯선 경험을 하면서 동양방적에 도착했다.

공장에서 이들은 '시력에 따라' 실을 감는 정방부와 면포를 짜는 직포부의 여러 부서에 배치되었다. 이들은 1주일 단위로 주야간 2교대 근무를 번갈아 했는데, 1회의 식사 시간 외에는 휴식시간 없이 하루 12시간씩 노동하였다. 농촌에서 자라온 이들에게 갑자기 매일 장시간을 선 채로 기계의 흐름에 맞추어 빠른 속도로 규칙적으로 움직일 것이 요구되었고, 그에 따르지 못할 경우에는 감독과 반장의 구타와 폭

언이 일상적으로 다가왔다. 일본인과 조선인의 공간은 철저히 분리되어, 일본인은 사무실에 있었고 조선인은 공장에서 일했다. 일본인이 공장으로 오는 경우는 조선인을 감독하거나 기계를 고치기 위해, 몸 검사를 하기 위해서였다. 조선인 역시 여성과 남성이 이용하는 기숙사와 식당이 철저히 분리되어 있었다. 일본 사람들은 남녀가 서로 만나는 일을 용납하지 않았다.

구술자들은 야근을 할 때면 점심 식사가 나오지 않아 배가 고파 잠을 이루지 못한 기억이 짙었다. 그런 시간에는 기숙사 앞에 있는 벚나무 밑에 앉아서 동료들끼리 노래를 불렀다. 하루 12시간의 노동을 마친 노무자들의 관계는 기숙사 방을 통해 만들어졌다. 공장에서는 일하느라 바빠서 서로 대화할 틈이 없었기 때문이다. 이들은 방별로 동원 순서에 따른 위계를 유지하고 있으면서도 서로 긴밀하게 공감하고 위로하는 관계였음을 구술을 통해 파악할 수 있었다.

아직 어려 키가 작고 노동 숙련도가 낮은 이들에게는 그만큼 더 일이 고되었고, 부상의 가능성이 높았다. 이들은 공통적으로 공장 안에 옴병과 각기병 등을 앓는 환자가 많았으며, 기숙사에는 몸이 아프거나 활동이 어려운 사람들만 격리해 둔 공간이 존재했다고 증언했다. 환자들이 사망하면 시신을 달구지에 싣고 꽃으로 덮어 공장 샛문으로 밀고 나가는 장면을 목격했고, 그 자리에 가족들은 오지 않았다는 구술은 충격적이다.

구술 내용 중 가장 놀라운 것은 공장에서는 매일 다시마국이나 미역국을 먹어서인지 그곳에서 월경하는 사람을 보지 못했다는 내용이다. 또 구술자 모두 공장에서 나온 지 몇 년이 지나도록 월경을 하지 않았고, 스무 살 전후가 되어서야 초경을 하였으므로 그간 아이를 갖지 못해 어려움을 겪었다는 구술을 했다. 유사한 경험을 가진 곳에서 국제적인 차원의 진지한 후속 연구가 진행되어야 할 내용이다.

　그들에게는 해방도 더디게 왔다. 라디오를 들을 기회도 없었고, 말을 잘 알아듣지 못했고, 누가 말해주지도 않았다. 행정기관과 민간기업의 결탁에 의해 체계적으로 군수산업 분야에 동원되었던 그들이 귀가하는 과정은 철저히 개인의 몫이 되었다. 그간의 노동의 대가가 치러지지 않은 것은 물론이고 해산의 절차도 없었고 길을 일러주거나 여비를 제공하는 과정도 없었다. 다행히 누군가의 도움으로 귀가할 수 있었던 이들은 그때까지 많은 아이들이 집에 가지 못하고 공장에 방치되어 있던 장면을 기억하고 있었다. 귀가 후 그들은 강제동원의 피해가 자신에 그치지 않고 가족 나아가 주변의 친척들에 이르기까지 미쳤음을 알게 되었다.

　이상에서 아시아·태평양전쟁기 동양방적에 동원된 사람들의 구술을 통해 살펴본 그들의 경험은, 공장법이 적용되지 않고 유년노동자가 많았던 1930년대 조선공업화기 식민지 조선의 노동현실 위에, 전시하의 총동원 상황이 중첩되어 행해진 강제동원의 진상을 보여준다. 동양방적은 전시하에 일제에 의해 행해진 조선 내의 강제동원, 특히 여타의 방직·방적회사들과 함께 어떠한 법적인 기준에도 미치지 않는 유년여성들을 동원하고 노동을 강요했던, 비인도적인 아동동원, 아동노동의 현장이었다. 뿐만 아니라 기업과 행정의 결탁에 의해 체계적으로 동원되었된 그들이 해방 후 귀가하는 길에서는 철저히 방치되어 있었다. 주소와 지리를 모르는 어린 그들 중 누군가는 아직도 귀가하지 못했고, 아직도 그에게는 강제동원이 끝나지 않았을지도 모르는 상황임을 짐작하게 된다.

참고문헌

『東亞日報』, 『朝鮮中央日報』, 『朝鮮新聞』, 『每日申報』

東洋紡績株式会社 編, 1934 『東洋紡績株式會社要覽 : 創立二十年記念』

東洋紡績七十年史編纂委員會, 1953 『東洋紡績七十年史』

東一紡織株式會社, 1982 『東一紡織社史』, 三和印刷株式會社

東洋紡績株式會社 社史編輯室, 1986 『百年史-東洋紡(上)』, 東洋紡績株式會社

권양조 구술 : 2019년 7월 5일(금) 10시, 경북 예천군 구술자 자택

양종희 구술 : 2019년 7월 2일(화) 14시, 7월 21일(일) 9시 50분. 충북 충주시 구
　　　술자 자택(이상의, 2021.6 「열두살에 동양방적으로 강제동원된 양종희」
　　　『작가들』 77 수록)

이인심 구술 : 2019년 7월 4일(목) 14시 40분, 7월 21일(일) 15시. 경북 상주시 구
　　　술자 자택(이상의, 2021.12 「길에서 강제동원되어 동양방적에서 2년을
　　　보낸 이인심」 『작가들』 79 수록)

김미정, 2021 『강제동원을 말한다 잊혀진 여성들, 기억에서 역사로-일제말기
　　　여성노무동원』, 선인

김미현 저, 일제강점하강제동원피해진상규명위원회 편, 2008 『조선여자근로정
　　　신대 방식에 의한 노무동원에 관한 조사』, 일제강점하강제동원피해진
　　　상규명위원회

안정윤 외, 2018 『인천 공단과 노동자들의 생활문화』, 국립민속박물관

이상의, 2006 『일제하 조선의 노동정책 연구』, 혜안

정혜경, 2019 『아시아태평양전쟁에 동원된 조선의 아이들』, 섬앤섬

허광무 등, 2015 『일제 강제동원 Q&A 1』, 선인

강이수, 1991 「일제하 면방 대기업의 노동 과정과 여성 노동자의 상태」 『사회와
　　　역사』 28, 문학과지성사

강이수, 1993 「1930년대 여성노동자의 실태-면방직업을 중심으로-」 『國史館
　　　論叢』 51, 국사편찬위원회

김경남, 1994 「1920, 30년대 면방대기업의 발전과 노동조건의 변화-4대 면방대

기업을 중심으로-」『부산사학』 26, 부산경남사학회

배성준, 2000 「戰時下 '京城'지역의 공업 통제」『國史館論叢』 88, 국사편찬위원
　　회

서문석, 1997 「歸屬 綿紡織工場의 設立과 變化類型에 관한 硏究」, 『경영사학』
　　16, 한국경영사학회

유숙란, 2004 「일제시대 농촌의 빈곤과 농촌여성의 출가」『아시아여성연구』 43,
　　숙명여자대학교 아시아여성연구소

이병례, 2009 「일제말기(1937~1945) 인천지역 공업현황과 노동자 존재형태」『인
　　천학연구』 10, 인천대학교 인천학연구원

이상의, 2000 「일제강점기 '勞資協調論'과 工場法 論議」『國史館論叢』 94, 국사
　　편찬위원회

이상의, 2019 「구술로 보는 일제하의 강제동원과 '인천조병창'」『동방학지』 188,
　　연세대학교 국학연구원

이상의, 2022 「구술로 보는 일제하의 강제동원과 동양방적 사람들」『인천학연
　　구』 37, 인천대학교 인천학연구원

이은희, 2014 「1940년대 전반 식민지 조선의 암시장-생활물자를 중심으로-」
　　『동방학지』 166, 연세대학교 국학연구원

전성현, 2015 「일제말기 경남지역 근로보국대와 국내노무동원」『역사와경계』 95,
　　부산경남사학회

정혜경, 2011 「아시아 太平洋戰爭에 動員된 朝鮮人勞務者의 經驗과 敍事」, 『한
　　일민족문제연구』 20, 한일민족문제학회

조성원, 2003 「1930년대 조선의 면방직 자본의 축적조건 : 4대 방적회사를 중심
　　으로」『한일경상논총』 27, 한일경상학회

1960년대 한국 에너지 정책의 변화와 경인에너지의 설립

• • •

권 오 수

순천대학교

이 글은 필자가 2018년『동국사학』65집에 게재한 논문인「제2차 경제개발5개년계획 시기(1967~71) 전력산업과 미국 석유회사」중 경인에너지 관련 내용을 발췌하여 수정, 보완한 것이다.

1960년대 한국 에너지 정책의 변화와 경인에너지의 설립

머리말

20세기 석유를 가장 많이 사용하였던 국가인 미국은 1948년부터 1972년 사이 석유 수요가 일일 580만 배럴에서 1,640만 배럴로 3배 증가하였지만, 같은 기간 서유럽은 일일 97만 배럴에서 1,410만 배럴로 15배 증가하였다. 일본은 경이적으로 일일 3만 2천 배럴에서 440만 배럴로 137배나 증가하였다. 1950년대 초 일본의 총 에너지 소비 중 7%에 불과했던 석유는 1960년대 말에 이르면 70%에 육박했다. 근대의 출발과 함께 시작되었던 석탄의 시대는 이제 막을 내리고, 바야흐로 석유의 시대가 시작된 것이었다. 가히 "탄화수소 인간(Hydrocarbon Man)"의 시대라고 말할 수 있을 정도로 석유는 산업 현장에서부터 일상생활에 이르기까지 인간 사회와 밀접한 관계를 형성하였다.[1]

석유 시대의 출현은 제2차 세계대전 종전을 전후한 시기부터 본격

---

[1] Daniel Yergin, 2009 *The Prize: The Epic Quest for Oil, Money & Power*, New York: Free Press, pp.541~560

적으로 전개된 석유 이권 쟁탈전의 결과 베네수엘라와 중동산 석유가
전 세계로 쏟아져 나오면서부터 시작되었다. 근대 산업화의 기수였던
석탄은 1950~60년대 급격한 경제 성장과 산업 현대화에 직면해 더이
상 값싸고 풍부한 석유의 효율성을 좇아가지 못하였다. 경제 성장에
따른 소득 증가로 자동차 수요가 급증한 것도 중요한 요인이라 할 수
있다. 석탄으로 인한 환경 문제도 한몫하였다. 게다가 정부와 기업의
입장에서 주 에너지원을 석유로 전환하는 것은 노동 분규로 인해 발
생할 수 있는 경제적 부담을 덜어주는 것이기도 하였다. 석탄이 인간
의 노동을 기반으로 생산과 이동이 이루어졌다면, 석유는 인간 노동
의 대부분을 파이프가 대체하였기 때문이다.[2]

주 에너지원이 석탄에서 석유로 변화하는 세계적인 양상은 1960년
대 한국에서도 나타났다. 1962년 제1차 경제개발 5개년계획이 추진되
면서 에너지 공급원의 확대는 "자립경제 달성을 위한 기반 구축"이라
는 기본 목표를 수행하기 위한 중점 과제 중 하나였다. 이러한 맥락에
서 정부는 1963년 12월 울산정유공장을 완공하고 이듬해 4월부터 본
격적으로 석유 제품을 생산하기 시작하였다. 석유는 특히 제2차 경제
개발 5개년계획 시기 "화학, 철강 및 기계공업 산업을 육성"하고, "향
후 중화학공업의 기틀을 마련"한다는 목표 아래 에너지원으로서 그
중요성이 더욱 강조되었다.[3] 1965년 1천만 배럴 정도였던 연간 국내

---

2   제2차 세계대전과 냉전 시기 석유의 역사에 관한 대표적인 연구로는 Stephen J.
    Randall, 2005 *United States Foreign oil Policy Since World War Ⅰ: for Profit and
    Security*, Quebec: McGill-Queen's University Press ; Yergin, 2009 앞의 책 ; Timothy
    Mitchell, 2011 *Carbon Democracy: Political Power in the Age of Oil*, London and New
    York: Verso ; David S. Painter, 2012 "Oil and the American Century" *The Journal of
    American History*, 99-1 등이 있다. 한편, 티머시 미첼(Timothy Mitchell)은 탄소 에너
    지(carbon energy)와 근현대 민주주의의 관련성을 규명하였다는 점에서 주목된다.
3   大韓民國政府, 1962 『第1次經濟開發5個年計劃(1962-1966)』, 大韓民國政府 ; 1966
    『第2次經濟開發5個年計劃(1967-1971)』, 大韓民國政府. 울산정유공장 건설 과정에

석유 소비는 1973년에 이르면 1억 배럴 정도로 10배 가까이 증가하였다. 1965년 총 에너지 소비 중 12%에 불과했던 석유는 1970년 47.2%, 1973년에 이르면 53.8%를 차지하며 국내 주 에너지원으로 자리매김하였다. 반면 석탄은 1965년 43.6%에 이르렀으나, 1970년 29.6%, 1973년에는 30.2%에 머물렀다.[4]

1960년대 국내 주 에너지원이 석유로 전환되는 과정에서 주목되는 것은 당시 "전원개발 우선주의" 원칙을 내세운 정부의 에너지 정책과 밀접한 관계가 있다는 점이다. 특히 제2차 경제개발 5개년계획 시기 정부는 전력 부족 문제를 해결하고 증대하는 전력 수요에 대비하기 위해 한국전력으로 하여금 막대한 차관을 도입해 석유를 발전용 연료로 하는 화력발전소를 증설하도록 하였다. 정부는 또한 1961년 전력 3사를 통합하여 한국전력을 설립하면서 사실상 전력산업 국영화를 추진하였으나, 1960년대 후반 민영전력회사 설립을 허가하면서 부분적인 전력산업 민영화를 시도하는 등 대규모 전원개발사업을 추진하였다.[5]

대해서는 趙東成, 1981 『國際資源論: 石油問題를 中心으로』, 博英社 ; 김동완·김민호, 2014 「울산공업단지의 서막, 정유공장 건설의 정치지리」, 박배균·장세훈·김동완 엮음, 『산업경관의 탄생: 다중스케일의 관점에서 본 발전주의 공업단지』, 알트 ; 곽경상, 2016 「해방 후 남한 석유시장의 재편과 울산 정유공장 건설계획」 『동방학지』 176 등 참조. 한편 권오수는 해방 직후 일제의 패전으로 미완공된 울산정유공장의 재건 문제와 관련해 당시 한국인과 미 점령군 간의 갈등과 인식 차를 규명하였다. 권오수, 2020 『1945~1949년 미국의 대한석유정책과 한미석유협정 체결』, 동국대학교 사학과 박사학위논문 ; 2021 「미군정기 미군의 석유 운영과 석유배급회사 활동」 『역사와교육』 33 ; Ohsoo Kwon, 2022, "Machinations from on High: U.S. Aid Plan and Oil in South Korea" Diplomatic History, 46-2 ; 2023 "The secret of September: The 1949 oil agreements between the United States and South Korea" Modern Asian Studies, 57-6.

4   대한석유협회, 1990 『석유산업의 발전사』, 대한석유협회 홍보실, 198쪽, 205쪽 ; 손호철, 2009 『한국 에너지정책 레짐의 역사적 전개』, 고려대학교 행정학과 박사학위논문, 103쪽.

5   제2차 경제개발 5개년계획 시기 민영전력회사 설립에 관해서는 韓國電力公社 編纂委員會, 1989 『韓國電氣百年史』 上·下, 韓國電力公社 ; 오원철, 1997 『한국형 경

제2차 경제개발 5개년 계획 시기 정부의 전원개발 우선 정책과 석유 중심 정책의 조합으로 탄생한 석유회사가 경인에너지이다. 경인에너지는 1969년 한국화약과 미국 유니언 오일(Union Oil Company of California)이 합작 투자하여 설립한 민영전력회사인 경인전력개발회사(대표 민병찬)으로 출발하였다. 유니언 오일은 1890년 스탠다드 석유회사(Standard Oil Company)와 제휴하지 않은 남부 캘리포니아 3개 석유회사가 "연합(union)"하여 설립한 대형 독립 석유 회사(independent petroleum company)이다. 1917년부터 유니언 오일의 대표적인 브랜드명인 "76"으로 휘발유를 판매하였다. 1960년대부터 해외 석유 시장으로 진출한 유니언 오일은 1965년 텍사스와 멕시코만 근해에서 운영하던 Pure Oil Company를 인수하며 국제 대형 석유 회사로 사업을 확장하였고, 1970년대부터 인도네시아와 태국을 중심으로 아시아 지역으로 진출을 본격적으로 시작하였다. 1983년 회사명을 Unocal로 변경하였으나, 계속된 부채로 경영난에 시달리다가 2005년 쉐브론(Chevron)에 합병되었다.[6]

───

제건설 6: 에너지정책과 중동진출』, 한국형경제정책연구소 ; 권오수, 2018「제2차 경제개발5개년계획 시기(1967~71) 전력산업과 미국 석유회사」『동국사학』 65 등 참조. 한편 해방 후 한국 전기의 역사적 전개 과정에 대해서는 그간 상당한 연구가 진행되었다. 대표적인 연구로는 김호철, 2010『한국 에너지정책 레짐의 역사적 전개』, 고려대학교 행정학과 박사학위논문 ; 김성준, 2017『한국 원자력 기술체제 형성과 변화, 1953-1980』, 서울대학교 협동과정 과학사 및 과학철학 전공 박사학위논문 ; 오선실, 2017『한국 현대 전력체계의 형성과 확산, 1945~1980』, 서울대학교 대학원 협동과정 과학사 및 과학철학 전공 박사학위논문 ; 오진석, 2021『한국 근현대 전력산업사, 1989~1961』, 푸른역사 ; 정대훈, 2022『해방 이후 전원(電源)개발 구상과 전력산업 개편』, 한양대학교 대학원 박사학위논문 등이 있다.

6 유니언 오일에 관해서는 Fred L. Hartley, 1977 *"The spirit of 76": The story of the Union Oil Company of California*, New York: Newcomen Society in North America ; Richard J. Stegemeier, 1990 *A Century of Spirit: the History of Unocal*, New York: The Newcomen Society Of The United States ; Barbara L. Pederson, 1990 *A Century of Spirit: Unocal, 1890-1990*, Union Oil Company of California 등 참조.

한국화약과 경인에너지는 1969년 11월 3일 경인에너지개발주식회사
로 정식 등기하였고, 1970년 3월 17일 회사명을 경인에너지주식회사로
변경하였다. 경인에너지는 대한석유공사, 호남정유에 이어 정부로부
터 제3 정유회사로 인가를 받으면서 석유산업에 본격적으로 진출하였
다.[7]

이 글에서는 석유와 전력을 중심으로 추진된 1960년대 한국 에너지
정책의 변화 과정과 이러한 정책의 대표적인 산물이라 할 수 있는 경
인에너지의 설립 과정을 살펴보고자 한다. 이를 위해 1960년대 한국
에너지 정책 전환의 주요 특징이라 할 수 있는 주유종탄 정책과 전원
개발정책에 대해 파악해 본다. 이어 1960년대 석유 산업과 전력 산업
의 절묘한 조합으로 탄생한 경인에너지의 설립 과정을 규명해 본다.

1. 주유종탄(主油從炭) 정책과 전원개발 우선주의

한국 정부 수립 후부터 이어져 온 석탄 중심의 에너지원 정책은
1960년대 중반부터 석유 중심의 에너지원 정책으로 전환되기 시작하
였다. 특히, 정부는 제2차 경제개발 5개년계획을 준비하면서 급속한
경제 성장을 뒷받침해 줄 에너지원으로서 석탄의 역할에 비관적인 입
장을 보이며 점차 주 에너지 자원을 석유로 전환할 것을 모색하였다.[8]

1966년 5월 상공부는 에너지 수요 전망과 개발 계획을 수립하여 장

7   대한석유협회, 1990 앞의 책, 235~259쪽
8   經濟企劃院, 1966년 8월 『第2次經濟開發5個年計劃 計劃資料』, 經濟企劃院, 182쪽.
    한국 정부 수립 후 정부의 석탄 정책에 대해서는 정선군청, 2005 『정선군 석탄산
    업사: 1948-2004』, 정선군청 ; 임채성, 2008 「해방 후 석탄산업의 재편과 귀속탄광
    의 운영(1945~1950년)」 『아세아연구』 51-4 ; 김호철, 2010 앞의 책, 71~81쪽

기적으로 연료 수급을 원활하게 하기 위한 목적으로 에너지수급대책
위원회를 발족하였다. 위원회의 계획에서 가장 중요한 것은 전력산업
이었다. 위원회는 보고서를 통해 다각적으로 성장 변천하는 에너지수
요를 충족시키기 위하여 "전원개발 우선주의"는 변함없는 정책목표가
되어야 한다고 밝혔다. 또한 위원회에서 제시한 향후 에너지 정책의
기본 방향은 1970년까지를 석탄 에너지의 시대로 1980년대를 석유 에
너지 시대로, 1990년대 이후부터는 원자력 에너지 시대로 하는 것이었
다. 위원회는 보고서를 통해 석탄을 중심으로 한 발전 방식을 지양하
는 것이 현실적이며 원자력 발전 방식이 실현되기 전까지 다소의 경
제성을 희생해서라도 석유를 중심으로 한 화력 발전 방식을 채용하는
것이 타당할 것이라고 밝혔다.[9] 즉, 석유 중심의 에너지원 정책으로
전환하는 것은 이미 제2차 경제개발 5개년계획을 준비하면서 예견된
것이고 원자력 시대를 대비한 임시적인 조치였다. 다만 그 시기와 방
법을 어떻게 하는지가 관건이었다.

　1966년 10월 연탄파동은 정부가 본격적으로 석유 중심 에너지 정책
으로 전환하는 결정적인 빌미로 작용하였다. 1960년대 연탄 수급 불균
형으로 인해 연탄 부족 현상은 계속해서 나타났다. 그러다가 1966년
10월 이른 한파로 인한 연탄 부족 현상이 나타나 한 장에 10원이었던
19공탄이 17원으로 70%나 폭등했다.[10]

9　『동아일보』1966년 5월 13일자 ;『매일경제』1966년 5월 18일자 ;『매일경제』1966년
　　8월 31일자. 商工部 에너지需給對策委員會, 1966 『綜合에너지需給計劃: 1967~1976』,
　　商工部 에너지需給對策委員會, 216~217쪽, 311~314쪽, 579쪽
10　정선군청, 앞의 책, 74~75쪽

〈사진 1〉 연탄파동

출처: 정선군청, 2005 『정선군 석탄산업사: 1948-2004』, 정선군청, 74쪽

　연탄파동 직후 정부는 석유 제품의 가격을 인하하고 공급을 확대함으로써 석유를 중심으로 한 에너지 정책을 본격적으로 추진하였다. 정부는 우선 발전용 연료로 주로 쓰이는 벙커시유의 가격을 인하하여 석유를 연료로 한 화력 발전 방식의 경제성을 높이는 조치를 취하였다. 이에 따라 1966년 1월 울산정유공장 가동률 증가로 리터당 4.19원이었던 벙커시유 가격을 3.76원으로 인하한 바 있던 정부는 같은 해 11월 3.56원으로 추가 인하하였다. 정부의 벙커시유 가격 인하 조치에 대한석유공사는 벙커시유를 30% 인하한다면 14억 원의 판매수입이 줄어들 것이라고 하며 반대하였으나 소용없었다. 상공부는 무연탄 가격을 1톤에 1,700원으로 설정할 경우 발전을 위한 스팀(steam) 1톤의 소요량은 무연탄이 488원이 드는데, 이번 가격 인하로 인해 벙커시유는 465원이 들어 무연탄보다 벙커시유가 싼 결과가 나온다고 설명하였다. 이러한 정부의 인위적인 석유 가격 인하 조치로 무연탄보다 벙커

시유의 경제성이 좋아졌고, 이후 화력발전소 연료는 석유로 급격히 대체되었다. 1966년 화력발전소의 연료소비율 중 무연탄은 65.4%로 가장 많은 비중을 차지하였으나, 1968년에 이르면 중유가 47.3%를 차지해 38.2%인 무연탄 소비율을 넘어섰다. 중유 소비의 증가 추세는 1971년에 이르면 85.5%로 격증되어, 발전용 연료가 석유 중심으로 완전히 대체되었다.[11]

⟨표 1⟩ 화력발전소 연료소비율(단위 : %)

	무연탄	유연탄	경유	중유
1962	69.1	6.8	1.9	22.2
1966	65.4	-	0.4	34.2
1968	38.2	-	14.5	47.3
1971	13.0	-	1.5	85.5
1972	14.1	-	0.8	85.1
1973	16.4	-	0.6	83.0

출전 : 商工部, 1974 『長期에너지綜合對策 1974~1981』, 商工部, 194쪽

    정부는 석유 중심 에너지원 정책에 따른 석유 수요 증가에 대비해 석유 공급량을 늘리는 한편, 향후 중화학공업 육성의 기반 에너지 문제를 해결하기 위해 정유산업의 확장에도 적극적으로 나섰다. 1966년 5월 제2 정유공장 실수요자 공모를 실시한 바 있었던 정부는 1966년 11월 제2 정유공장의 실수요자로 럭키와 칼텍스가 합작 투자한 호남정유를 지정하고, 1967년 초 여수에 일산 6만 배럴 규모의 정유공장을 착공할 것을 결정하였다. 정부는 또한 울산정유공장 확장을 결정하여 기존 5만 5천 배럴의 정유시설에 더해 1967년 말까지 일산 6만 배럴의

11 商工部, 1974 『長期에너지綜合對策 1974~1981』 194쪽, 407쪽 ; 『경향신문』 1966년 11월 9일, 11일자.

〈사진 2〉 울산정유공장 준공식(1964년 5월 9일)
출처:「박정희대통령울산정유공장준공식참석1」, 국가기록원 관리번호: CET0029293

추가 시설을 증설하기로 하였다.[12]

한편 정부는 1964년 4월부터 해방 이후 최초로 무제한송전을 실시한 성과를 기반으로 제2차 경제개발5개년계획 시기 대규모 전원개발사업을 실시할 것을 계획하였다. 그러나 무제한송전 이후 계속되는 전력수요의 급증으로 인해 제2차 경제개발5개년계획이 시작된 1967년부터 다시 제한송전이 시작되었다.[13] 1967년 7월 정부는 제한 송전으로 인한 전력 부족 문제와 증대되는 전력 수요 문제를 해결하기 위해

---

12 經濟企劃院, 1966년 7월『第2次經濟開發5個年計劃(案) 1967~1971』, 經濟企劃院, 21쪽 ;『매일경제』1966년 11월 17일자 ;『경향신문』1966년 12월 7일자
13 『韓國電力百年史』上, 516~519쪽 ;『韓國電氣百年史』下, 846쪽

〈사진 3〉 호남정유 여수공장 준공식(1969년 6월 3일)
출처: 「박정희대통령호남정유공장준공식참석기념사1」, 국가기록원 관리번호: CET0021214

당초 제2차 전원개발5개년계획을 수정하여, 1971년도 발전 시설 목표
용량을 180만kW에서 290만kW로 변경하고, 연평균 성장률 또한 27.2%로
변경하였다. 이에 따른 자금계획도 변경되어 당초 1967년도 총 투자
규모가 225억 7,400만 원에서 412억 2,600만원으로 대폭 증가되었다.[14]

---

14 經濟開發計劃評價敎授團, 『第2次經濟開發5個年計劃 第1次年度評價報告書』, 企劃
    調整室, 1968, 282~283쪽, 285쪽

정부는 전원개발계획에 따라 증가된 자금 문제를 전력산업의 경영 합리화를 통해 해결하고자 하였다. 1967년 7월 20일 박정희 대통령은 제2차 전원개발5개년계획 수정안을 승인하면서 한국전력의 경영합리화를 통해 전원개발사업에 자체 자금을 더 많이 투자할 수 있는 방안을 수립하라고 지시하였다.[15] 전원개발 촉진과 전력산업의 경영합리화는 제2차 경제개발 5개년계획을 준비할 당시 전력 분야의 기본 과제이기도 하였다. 그러나 한국전력은 전원개발자금을 주로 외부 차입금에 의존해 왔기 때문에 한국전력의 고정비는 계속 올랐고, 발전 비용 또한 물가 상승으로 인해 계속 상승하여 한국전력은 발전원가 측면에서 이미 경영상 상당한 압박을 받고 있었다. 정부의 재정 지원 또한 한국전력이 전원개발계획을 수행하는 데 있어 항상 부족하였다. 한국전력은 매년 수백억 원에 달하는 전원개발자금 중 부족자금에 대하여 1964년 이래 매년 약 40~110억 원을 재정자금 융자로 지원하여 줄 것을 정부에 요청했으나, 정부는 매년 약 5~30억 원 정도만 재정융자로 조치하고, 나머지는 요금인상, 외화대부 및 시중은행 단기차입 등의 일시적 방편으로 대응하도록 하였다. 1967년도에도 상공부는 전원개발자금으로 1967년도 추경에 61억 원을, 1968년도에 155억 원을 요청하였으나, 1967년 8월 경제기획원은 이를 대폭 삭감하고 67년도 추경과 68년도 예산을 합하여 46억 원만 계상하였다. 이러한 경제기획원의 예산 삭감에 대해 한국전력은 예산 부족으로 인해 1968년 하반기부터 20만kW 이상의 전력 부족을 예상하였다. 그러나 이러한 방식의 전원개발 자금 대책은 장기적인 전원개발계획을 수행하는 데 상당한 지장을 초래하고 있었다.[16]

---

15 『경향신문』 1967년 7월 20일자.
16 『第2次經濟開發5個年計劃 計劃資料』, 182쪽 ; 『第2次經濟開發5個年計劃 第1次年度

한전에 대한 정부의 경영합리화 요구는 더욱 강경해졌다. 1967년 8월 25일 상공부는 15개의 국영기업체장 회의를 긴급 소집하여 6개 항목의 국영기업체 경영합리화 방안을 시달하는 한편 "양식 있는 판단으로 업무에 충실하라"는 대통령의 친서를 전달하였다. 국영기업체 경영합리화 방안은 ①인력 감사를 통해 불요불급한 종업원의 감원을 실시하고 신규 채용의 일체 금지 ②정부가 지정한 생산원가의 고수 ③제품판매가격의 국제평준화 유지 ④업무체계의 간소화 ⑤종업원의 1인당 노동생산목표 달성 ⑥예산에 계상된 간접비 및 재료구입비의 5% 절감이었다. 국영기업체에 대한 대통령의 특별지시는 정부가 지정한 생산원가를 지키지 못하거나 제품 판매 가격이 국제시장가격보다 높을 경우 해당 국영기업체의 경영능력이 없는 것으로 단정하고 불신 임하겠다는 일종의 경고였다.[17]

한국전력이 설립된 후 전기요금은 계속 인상되어 왔고, 여타 공공요금에 비해 인상폭도 컸으며, 다른 나라의 전기요금보다 높았다. 한국전력 설립 후 전기요금은 64년 9월에 50%, 66년 4월에 25%가 인상된 바 있었고, 66년 11월에 15%를 인상하였다. 1967년 전기요금은 1kWh당 미국 1.68센트, 일본 1.64센트, 대만 1.24센트였던 반면 한국은 2.07센트였다. 전력 손실율 또한 다른 나라에 비해 상당히 높았다. 67년 기준으로 외국의 송배전 손실율은 대개 8%이하인데, 한국의 경우 17.5%로 양으로 따지면 연간 8억 4,200만kWH, 51억 7천만 원으로 군산화력(7만 5천kW) 1기를 더 만들 수 있는 거액이 송배전과정에서 손실되었다. 이러한 상황에서 전원개발을 위한 국제개발기구(AID) 차관 계약에 따른 투자보수율 유지 문제로 인해 또 한 차례의 전기요금 인상이

評價報告書』, 285쪽 ;『경향신문』 1967년 8월 31일자
17 『경향신문』 1967년 8월 25일자 ;『경향신문』 1967년 8월 26일자

예정되어 있었다. 1966년 4월 요금 개정 당시 7.5%였던 투자보수율이 1968년도에 5.0%로 떨어질 것이 예상되자, 1967년 6월 한국전력과 AID 측은 서울화력발전소 건설을 위한 수정 협정을 체결하면서 "한전은 자산재평가를 실시하고 자산증가율만큼 요금을 올리도록" 규정하였다. 사실상 한국전력의 자체적인 경영합리화를 통한 전원개발계획은 사실상 불가능하였다.[18]

결국, 한국전력의 경영합리화 방안은 당시 국영기업체 민영화 방안과 결부되면서 한국전력의 민영화 방안이 제기되었다. 정부는 전원개발사업의 확대에 필요한 재원 조달 문제와 정부의 재정적 부담을 민간 자본을 유치하여 해결하고자 하였다. 이에 1966년 말 이래 중단되어 온 정부 보유 주식 매각을 1967년 11월 초부터 재개할 방침을 세웠다. 그러나 한국전력은 주식을 분산할 경우 배당금 증가를 수반하게 되어 향후 전원개발계획에 차질을 가져올 수 있는 문제가 있었다. 전력산업은 또한 공공복지를 위한 기간산업 및 사회간접자본이라는 점에서 한국전력의 민영화 또한 사실상 어려웠다.[19]

한국전력의 민영화가 현실적으로 불가능한 상황에서 정부는 민영전력회사를 설립하는 형태로 민간 자본을 유치하여 전원개발계획을 추진할 계획을 수립하였다. 1967년 11월 27일 김정렴 상공부장관은 내자 부담 능력이 있는 업자에게 민영화력발전소의 건설을 허가하겠다고 밝혔다. 그리고 전기를 많이 사용하는 업종인 시멘트나 비료업 중 자가발전설비 건설을 희망하는 업체가 10만kW 이상 규모의 시설을 갖춘다면 이를 권장하겠다고 발표하였다.[20] 1967년 12월 13일 대통령이

18 『매일경제』 1967년 8월 12일자 ; 『경향신문』 1967년 11월 22일자.
19 『동아일보』 1967년 10월 28일자 ; 『경향신문』 1967년 11월 22일자 ; 『경향신문』 1967년 11월 1일자. 朴禎秀, 1968 「國營企業體의 民營化 方案과 그 問題點」 『經商論集』 1968-4 참조.

향후 전원개발사업을 한국전력에만 맡기지 말고 민간에 의한 화력발
전소 건설계획을 추진하도록 관계 경제 각료들에게 지시하여 민영전
력회사 설립은 기정사실화되었다.[21]

2. 경인에너지, 석유와 전기의 절묘한 조합

정부의 민영전력회사 설립 방침에 가장 먼저 반응을 보인 곳은 시
멘트업계였다. 제한 송전 당시 정부에서는 전력을 많이 소비하는 업
체부터 송전을 제한하였다. 시멘트 산업은 대표적인 전력 다소비 산
업이었기 때문에 시멘트업계에서는 이미 1967년 초부터 자체전력을
확보하기 위해 석탄을 연료로 하는 6만kW 급 화력발전소 건설을 추진
해 오던 중이었다.[22] 정부의 민영화력발전소 건설 발표가 나오자 시멘
트업계에서는 석유 중심 에너지 정책에 맞춰 석유를 연료로 하는
20만kW 급 발전소를 건설할 계획을 세우고, 공동 투자 형식으로 민영
전력회사를 설립할 계획을 수립하였다.[23] 그러나 막상 민영화력발전
소 건설이 구체화되자 쌍용양회만 단독으로[24] 1967년 12월 22일 동해
전력개발주식회사를 설립하였다.[25] 당일 상공부는 동해전력에 대해

20 『동아일보』 1967년 11월 27일자.
21 박정희 대통령은 1968년 발전시설용량을 현재(87만 7천kW)의 2배가 되도록 노력하
라고 하면서, 민영화력발전소의 구체적인 건설장소로 서해안공업지대의 인천과
동해안공업지대의 2개 지구를 시사했다고 한다(『경향신문』 1967년 12월 13일자).
22 『第2次經濟開發5個年計劃 第1次年度評價報告書』, 278~280쪽
23 쌍용五十年史編纂委員會, 『쌍용五十年史』, 쌍용五十年史編纂委員會, 1989, 146쪽 ;
『경향신문』 1967년 12월 20일자
24 『매일경제』 1967년 12월 21일자
25 쌍용五十年史編纂委員會, 1989 『쌍용五十年史』, 147쪽

12만 5천kW의 화력발전소를 영동지방에 건설하여 각 시멘트공장에 전력을 공급하고, 남는 전력은 한국전력에 판매 또는 직접 배전한다는 내용으로 전기사업을 허가하였다.[26]

한국화약과 유니언오일은 동해전력 다음으로 전력사업에 참여하였다. 한국화약은 1960년대에 들어서면서부터 석유화학 부문을 중심으로 신규 사업 진출을 모색하고 있었다. 1962년 서독 회사와 투자규모 4천5백만 마르크의 가성 소다 및 스트로 펄프 공장 건설을 위한 예비 계약을 체결한 바 있던 한국화약은 PVC 공장을 설립하기 위해 1965년 한국화성공업을 설립하고 1966년 7월 일본 미쓰비시 상사와 800만 달러 규모의 차관 도입을 성사시켰다. 한편 한국화약은 한국화약은 제3, 4 비료공장 건설에 합작 투자하며 한국에 진출한 미국 스켈리 석유회사(Skelly Oil Company)와 자회사인 동양석유화학을 설립하고 1966년 5월 제2 정유공장 건설을 위한 실수요자 공모에 참여하기도 했다.[27]

한국화약은 계속해서 석유산업에 진출하기 위한 사업을 펼쳤다. 한국화성공업은 당시 아시아 지역 진출을 추진하고 있었던 유니언 오일과 합작하여 인천 지역에 총 소요자금 4,790만 달러의 석유화학단지를 조성할 계획을 정부에 제출하였다. 이 계획은 1967년 4월 외자도입심의위원회로부터 내인가까지 받았으나, 1967년 7월 석유화학공업단지가 울산으로 결정됨에 따라 사실상 무산되었다. 유니언 오일은 울산 석유화학공업단지 나프타 분해 공장 운영에 참여하고자 정부에 7천만 달러의 투자 제의를 하기도 했으나 이 또한 무산되었다. 그럼에도 프레도 하틀리(Fred L. Hartley) 유니언 오일 대표는 1967년 10월 23일 아

26 『조선일보』 1967년 12월 23일자
27 『동아일보』 1962년 1월 10일자 ; 『경향신문』 1966년 8월 1일자 ; 대한석유협회, 1990 앞의 책, 235~236쪽

래와 같이 박정희 대통령에게 서한을 보내 "한국 정부의 방침이 허락
한다면" 언제든 "참여할 것"이라고 하며 한국 진출 의사를 명확히 하
였다.[28]

> 대통령 각하
>
> 1. 우리가 나프타 분해 센터의 추진체로 지명받지 못한 것은 유감이나
>   귀국 정부가 결정 과정에서 고려한 제 사안에 대하여는 충분히 이해
>   하고 있음.
> 2. 우리가 제출한 사업계획은 충분한 연구 끝에 작성된 것이며 한국 경
>   제 및 국민복리를 위하여 기술적으로나 경제적으로 타당한 것임을
>   확신함. 따라서 7,000만 불 이상의 투자를 하려고 했던 것임.
> 3. 그 후의 연구 과정에서 발견된 몇 가지 문제들은 귀국 관계관들에게
>   도움이 되리라고 믿으며 필요하다면 관련 정보를 제공할 준비가 되
>   어 있음.
> 4. 우리는 한국 경제의 발전과 한국 국민에 깊은 감명을 받고 있으며 세
>   계문제 처리에 있어서 한국이 취한 태도를 높이 평가하고 있음. 따라
>   서 여기에 밝히고 싶은 것은 한국 정부가 현재의 입장을 재고한다면,
>   아직도 나프타 분해 센터를 공동으로 건설하고 운영하는데 참여하겠
>   다는 입장을 기대하고 있음을 알려드리고저 함.
> 5. 한편 한국 정부의 방침이 허락한다면 우리는 나프타 분해 센터에 있
>   어서 한국 정부와 더불어 과거에나 현재에나 변동이 없이 참여할 것
>   임을 덧붙이고자 함.[29]

정부의 민영전력회사 설립 방침이 발표되자 한국화약과 유니언 오

---

28 『매일경제』 1967년 4월 14일자 ; 『경향신문』 1967년 7월 8일자 ; 『경향신문』 1967년
   7월 13일자
29 「Union 石油 社長 Hartley 氏의 書翰 要約」 1967년 11월 8일, 『박정희 대통령 결재
   문서』 18(경북대학교 중앙도서관 소장)

일은 민간화력발전소 건설과 병행한 정유공장을 건설한다는 전략 아래 정부와 다시 접촉하였다.[30] 한국화약과 유니언오일이 민영화력발전소 건설에 참여하려 한 것은 전력사업을 통한 이윤 창출도 있었지만, 궁극적인 목표는 제3 정유공장 실수요자 경쟁에서 유리한 고지를 선점하기 위한 전략이기도 하였다.

1968년 1월 16일 유니언오일은 총 소요 자금 4천4백5십만 달러로 인천 지역에 32만 5천kW의 화력발전소를 건설한다는 내용의 외국인투자 승인신청서를 경제기획원에 제출하였다. 자금조달방법은 유니언 오일이 5백만 달러, 한국화약 측이 5백만 달러를 직접 투자하고, 유니언오일이 차관 3천4백5십만 달러를 제공하는 것이었다.[31]

〈표 2〉 경인전력개발 자금 조달 방법 (단위: 달러)

직접투자	유니언 오일	5,000,000
	백암장학회	2,000,000
	태평물산	1,000,000
	한국화성	1,000,000
	민병찬	1,000,000
	소계	10,000,000
차관	발전소 시설	34,000,000
	토지	500,000
	소계	34,500,000
합계		44,500,000

30 유니언오일 홍콩지사장 맥(Mack)은 한국화약 동경지사장 김종환의 사우스 캘리포니아 대학원 동기였고 김종희와도 잘 아는 사이였다고 한다. 민영전력회사 설립 방안이 발표되자 김종희는 당시 홍콩에 머물고 있었던 유니언오일 부사장 찰스(Charles)를 직접 만나 민영전력회사 설립과 병행해 간이정유공장을 건설하자고 제의했고, 찰스 또한 김종희의 제의에 매우 호의적이었다고 한다. 전범성, 1988『실록기업소설 김종희 한국화약창업비화』, 서문당, 364쪽

31 「Application for Authorization of Foreign Investment, January 16, 1968」,『합작투자. 경인에너지1 1968-1968』, 국가기록원 관리번호: BA0889394.

이후 유니언 오일은 3월 27일 총 소요 자금을 6천8백만 달러로 수정한 외국인투자승인신청서를 다시 제출하였다.[32] 한편 3월 23일 한국화약 측과 유니언 오일은 「화력발전소 및 부속연료유 처리 시설에 관한 합작투자 계약서」를 체결하였다.[33]

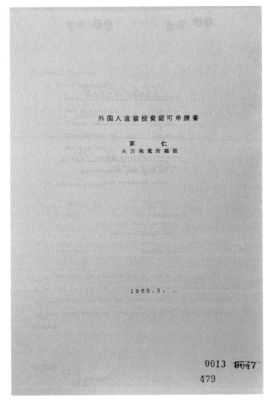

〈사진 4〉 경인화력발전소건설 외국인직접투자인가신청서 (1948년 3월 27일)

출처: 『합작투자. 경인에너지1 1968-1968』(국가기록원 관리번호: BA0889394)

---

32 「Application for Authorization of Foreign Investment(Supplement to Application of January 16, 1968), March 27, 1968」, 『합작투자. 경인에너지1 1968-1968』

33 대한석유협회, 1990 앞의 책, 238쪽

정부의 입장에서 한국화약과 유니언 오일의 전력산업 진출은 전원
개발을 위한 민간 자본뿐만 아니라 안정적으로 연료를 공급받을 수
있다는 이점이 있었다. 정부는 이전에 유니언 오일이 제의했던 석유
화학단지 조성을 위한 7천만 달러 투자를 부활시키는 일종의 "자극제"
로서 유니언 오일의 민영설립회사 설립 제안을 내인가하였다. 그리고
이전 유니언 오일의 7천만 달러 투자 제안은 별도의 자금 형식으로
제2 석유화학단지 중 외자 주선이 확정되지 않은 사업에 대하여 주식
투자 혹은 차관 형식으로 공여한다는 정부와 유니언 오일 간의 양해
가 있었다.[34]

유니언 오일의 한국 석유 시장 진출을 위한 움직임은 국내 정유업
계의 경쟁을 일으켰다. 특히 제2 정유공장 실수요자로 선정되어 여수
에서 정유공장을 건설 중이었던 호남정유는 대한석유공사의 운영권을
장악한 걸프 석유회사(Gulf Oil Company)가 이미 한국 석유 시장을 선
점한 상황에서 석유 제품의 판로를 확보하는 데 위기의식을 느낄 수
밖에 없었다. 이에 1968년 1월 17일 제임스 보스(James M. Voss) 칼텍
스 대표는 호남정유를 통해 유니언 오일의 한국 진출에 대해 항의하
는 전문을 정부에 보내고, 동시에 호남정유가 1968년 1월 23일 인천
또는 여수에 30만 kW의 발전소를 건설한다는 비공식 양해 각서를 경
제기획원에 제출하였다. 경인전력의 간이정유시설 건설로 인해 칼텍
스는 호남정유공장의 건설공사를 중지하도록 지시했다는 설도 있었
다.[35]

34 「Union Oil社의 火力發電所 建設 提議」,『합작투자. 경인에너지1 1968-1968』
35 「호남정유 공동 대표 이사 구인회와 S. S. Miller가 경제기획부장관 박충훈에게 보
   낸 전문」 1968년 1월 18일,『합작투자. 경인에너지1 1968-1968』;「호남정유 S. S.
   Miller가 경제기획원 장관 박충훈에게 보낸 제안서」 1968년 1월 23일,『합작투자.
   경인에너지1 1968-1968』;『조선일보』 1968년 4월 9일자

칼텍스의 반발로 유니언 오일의 석유화학공업단지 조성 계획은 축소되었다. 정부는 1968년 4월 3일 경인전력개발회사의 32만 5천kW 규모의 화력발전소를 인천에 건설하도록 투자 등록을 승인함과 동시에 화력발전소에 연료를 공급하기 위한 부대시설로만 활용할 수 있는 5만 5천 배럴 규모의 간이정유공장만 병설하도록 하였다. 또한 간이정유공장에서는 벙커시유나 나프타만을 생산하고, 발전용으로 공급되는 제품 외 나머지 석유 제품은 전량을 수출하도록 하였다.[36] 1968년 4월 9일 상공부장관은 경인전력개발의 정유공장 시설은 제3 정유공장이 아니며 제3 정유공장 건설문제는 장차 별도로 다룰 것이라고 직접 설명하기도 하였다. 정부는 또한 1968년 4월 10일 호남지역의 동력 확보를 위해 호남정유가 69년 3월경까지 준공되면 생산된 석유의 판로 확보를 위해 1백만 kW 내외의 화력발전소 건설을 계획하고 있다고 하여 사실상 호남정유에 신규 자가발전을 허가하였다. 정부의 계획에 따라 호남정유는 1968년 7월 23일 호남전력주식회사를 설립하고 호남정유로부터 연료유를 공급받는 60만 kW의 화력발전소 건설을 위한 준비에 들어갔다.[37]

1968년 8월 22일 제한 송전이 다시 전면 해제되면서 민영전력회사 설립 방안은 정부의 과도한 전원개발계획과 결부되어 그 타당성 문제가 본격적으로 제기되었다. 민영화력발전소 건설 신청은 자본 낭비 등을 감안하여 제3차 경제개발 5개년계획에 고려해야 하며, 더 나아가 정부가 경제과학심의회의의 계획을 통해 민영화력발전소 건설을 합리화시키기 위한 것이 아니냐는 의문이 제기되기도 하였다.[38] 사실 민영

36 『조선일보』 1968년 4월 4일자 ;「경제기획원 장관이 유니언오일 사장 Robert H. Rath에게 보낸 전문」 1968년 4월 10일, 『합작투자. 경인에너지1 1968-1968』.

37 『조선일보』 1968년 4월 9일자 ;『매일경제』 1968년 4월 10일자 ;『韓國電氣百年史』 下, 868쪽

전력회사 설립 방안은 1967년 12월 정부에서 이 방안을 발표했을 때부터 문제점이 제기되어 온 것이었다. 그럼에도 정부는 민영전력회사에 의한 민간 발전소 건설을 허용하면서 1968년 초부터 대규모 전원개발계획 수정안을 제시하였다. 1968년 1월 29일 김정렴 상공부장관은 "한국전력의 전원개발계획과는 별도로 민영전력회사에서 발전기를 설립할 것을 내정하였다"고 하면서 71년도에는 민간화력발전소 2개를 포함하여 발전시설 총량이 405만 7천kW가 될 것이라고 밝히면서 대규모 전원개발계획 수정안을 제시하였다. 특히 1968년 3월 경제과학심의회의에서 계획한 전원개발계획은 1971년도 발전시설 용량을 한국전력과 민영전력회사를 포함하여 총 417만 2천kW로 설정한 것으로, 이 계획은 전력 수요를 해마다 38% 증가로 추계하더라도 필요 발전 용량이 300만 8천kW에 지나지 않아 약 1백만kW의 상당한 잉여전력을 갖게 되는 것이었다.[39]

전력 과잉 공급과 민영전력회사 설립 방안이 우려되는 상황에서도 정부는 전원개발 우선주의 원칙 아래 성장 일변도의 전원개발계획을 계속해서 추진해 나갔다. 1968년 9월 13일 향후 전력 수요 증가율이 급격히 늘어날 것을 대비한다는 명목 하에 경제과학심의회의에서 수립한 대규모 전원개발계획을 토대로 하여 공식적으로 전원개발계획을 대폭 수정하였다. 다만 과잉 전력 공급에 대한 우려에 대응해 1968년 10월 30일 박충훈 경제기획원 장관은 제2차 경제개발5개년계획 기간 중 민영화력발전소 건설은 동해, 경인, 호남의 세 곳만 추진할 것이라고 밝혔다.[40] 결국 상공부는 1968년 9월 20일 경인전력개발에, 69년 1월

38 『경향신문』1968년 8월 24일자 ;『매일경제』1968년 8월 31일자

39 『동아일보』1967년 12월 19일자 ;『경향신문』1967년 12월 22일자 ;『동아일보』 1967년 12월 22일자 ;『조선일보』1968년 1월 30일자 ; 經濟·科學審議會議事務局, 1968『韓國電力發展에 關한 研究』, 韓國經濟政策研究所

23일 호남전력에 전기사업을 허가하여 동해전력, 경인전력개발, 호남전력 이상 3개 민영전력회사가 설립되었다.[41]

경인전력개발은 1969년 2월 인천시 북구 원창동, 석남동 및 율도 일대 해안가 34만여 평의 대지 위에서 화력발전소와 간이정유공장 건설을 위한 기공식을 개최하였다. 경인전력개발 공사는 발전소 건설 67,632,000달러, 정유공장 건설 36,368,000달러 등 총 소요 자금 1억 4백만 달러가 투자되는 엄청난 규모의 것이었다. 미국의 다국적 엔지니어링 및 건설회사인 플라워 회사(Flour Corporation)가 모든 건설 책임을 맡았다.

한편, 경인전력개발은 1969년 4월 22일 한국전력과 율도공동개발계약을 체결하였고, 9월 19일 정부로부터 전력수급계약도 승인받아 본격적으로 전력 사업을 펼치기 시작하였다. 이어 경인전력개발은 1969년 9월 30일 정부로부터 발전소 연료공급을 위한 목적으로 일일 처리능력 5만 배럴의 정유사업 경영 허가를 획득함으로써 발전사업뿐만 아니라 정유사업으로도 진출할 수 있는 토대를 마련하게 되었다. 이에 따라 경인전력개발은 1969년 11월 3일 에너지사업을 총괄할 법인으로 경인에너지개발주식회사를 정식으로 등기하였고, 이듬해 3월 17일 사명을 '경인에너지주식회사'로 변경하였다. 이후 정부의 제3 정유공장 신설 방침에 따라 1970년 경인에너지는 대한석유공사, 호남정유에 이어 제3 정유회사로 선정되어 정유사업을 주목적으로 하는 회사로 탈바꿈하였다.[42]

---

40 『매일경제』 1968년 9월 13일자 ; 『경향신문』 1968년 10월 31일자
41 『韓國電氣百年史』 下, 866쪽 ; 대한석유협회 1990 앞의 책, 240~241쪽. 그러나 과도한 전원개발로 인한 한국전력의 경영난으로 인해 경인에너지를 제외한 나머지 민영전력회사는 결국 1971년 한국전력에 인수되었다. 한국전력의 민영전력회사 인수 과정에 대해서는 권오수, 2020 앞의 논문 참조.

〈사진 5〉 건설 중인 경인에너지 발전소 및 정유공장

출처: 편집부, 1970 「[경인에너지] 사업현황」 『전기협회지』 20, 19쪽

　1972년 4월 17일 경인에너지 발전소와 정유공장 준공식이 개최되었다. 경인에너지 발전소와 정유공장 건설 사업은 연인원 108만여 명이 투입되었고, 1억 4천만 달러의 자금이 소요된 당시 최대 규모의 민간 프로젝트였다.[43]

　이후 1983년 유니언 오일이 한국에서 철수하면서 한화그룹은 단독으로 경인에너지를 경영하였고 로고 또한 유니언 오일의 로고인 "76"에서 "경인"으로 변경하였다. 1994년에는 한화에너지로 상호를 변경하

42　대한석유협회, 1990 앞의 책, 239~241쪽

43　대한석유협회, 1990 앞의 책, 242쪽. 유니언 오일 본사 로비에는 회사의 활동을 기념하는 사진, 기념품 등이 전시되어 있었는데 경인에너지 공장 준공식 당시 박정희 대통령과 프레드 하틀리 유니언 오일 사장이 기념 리본 컷팅식을 하는 사진도 전시되어 있었다고 한다. "Union Oil's Tenacious Chief Watches a Dream Come True," *The New York Times*, 18 September 1983

〈사진 6〉 경인에너지 발전소 및 정유공장 준공식(1972년 4월 17일)
출처: 「경인에너지화력발전소및정유공장준공식2」, 국가기록원 관리번호: CET0072553

였다. 그러나 한화에너지는 경영난으로 1999년 현대정유 오일뱅크로
인수되었고, 한화그룹도 정유산업에서 물러났다. 이후 경인에너지 정
유공장은 2006년 SK그룹에 인수되었고, 현재 SK이노베이션 자회사인
SK인천석유화학이 운영하고 있다.

맺음말

지금까지 석유와 전기를 중심으로 추진된 1960년대 한국 에너지 정책의 변화 과정과 이러한 정책의 대표적인 산물이라 할 수 있는 경인에너지의 설립 과정을 살펴보았다.

1960년대 석탄에서 석유로 에너지원이 변화하는 세계적인 양상은 한국에서도 그대로 나타났다. 국내 석유 수요의 급증 과정에서 주목되는 것은 제2차 경제개발 5개년계획 시기 추진된 "전원개발 우선주의" 원칙에 입각한 정부의 에너지 정책과 밀접한 관계가 있다는 점이다. 1966년 연탄파동 직후 정부는 발전용 연료인 벙커시유의 가격을 의도적으로 인하하여 석유의 경제적 효율성을 높이는 형태로 발전용 연료를 석탄에서 석유로 대체하였다. 정부는 또한 제2정유공장 건설을 추진하고 울산정유공장을 확장하여 석유 공급량을 늘리면서 본격적인 석유 중심의 에너지 정책을 추진하였다. 제2차 경제개발5개년계획 시기 기간산업으로서 전력산업의 중요성이 더욱 부각되면서 정부는 대규모 전원개발계획을 추진하고자 하였다. 한국전력이 이미 경영상 상당한 압박을 받고 있는 상황에서 한국전력의 경영합리화나 민영화를 통한 대규모 전원개발계획은 사실상 불가능하였다. 이에 정부는 한국전력에 의한 전원개발계획과 별도로 민간 자본을 유치하여 대규모 전원개발계획을 추진하고자 민영전력회사를 설립할 것을 결정하였다.

이러한 정부의 석유 중심 에너지원 정책과 전원개발 우선 정책의 조합으로 탄생한 석유회사가 경인에너지이다. 경인에너지는 1969년 한국화약과 미국 유니언오일이 합작 투자하여 간이정유공장을 갖춘 민영전력회사로 설립된 경인전력개발로 출발하였다. 이미 국내 석유산업 분야에 진출하고자 한 한국화약과 유니언 오일이 민영화력발전소 건설에 참여하려 한 것은 전력사업을 통한 이윤 창출도 있었지만, 궁극적인 목표는 제3 정유공장 실수요자 경쟁에서 유리한 고지를 선점하기 위한 전략이기도 하였다. 유니언 오일의 한국 시장 진출은 이미 걸프가 한국 석유 시장을 선점하고 있는 상황에서 이제 막 한국에 진출한 칼텍스의 견제를 받을 수밖에 없었다. 그러나 전력 산업과 석유 산업 규모를 동시에 확대하고자 하는 정부의 에너지 정책은 한국화약과 유니언 오일의 전력 산업을 포괄한 석유 산업 진출 전략에 유리하게 작용하였다. 결국 경인에너지는 1970년 정부로부터 제3 정유회사로 선정되며 석유 산업에 본격적으로 진출하게 되었다.

참고문헌

『경인에너지화력발전소및정유공장준공식(이낙선상공부장관), 국가기록원 관리
　　　　번호: CET0072553
『박정희대통령울산정유공장준공식참석및장기영경제기획원장관제1회수출의날
　　　　기념식참석2』, 국가기록원 관리번호: CET0029293
『박정희대통령호남정유공장준공식참석』, 국가기록원 관리번호: CET0021214
『합작투자. 경인에너지1 1968-1968』, 국가기록원 관리번호: BA0889394
『박정희 대통령 결재문서』 18(경북대학교 도서관 소장)
經濟・科學審議會議事務局, 1968『韓國電力發展에 關한 研究』, 韓國經濟政策
　　　　研究所
經濟開發計劃評價敎授團, 1968『第2次經濟開發5個年計劃 第1次年度評價報告
　　　　書』, 企劃調整室
經濟企劃院, 『第2次經濟開發5個年計劃 計劃資料』, 經濟企劃院, 1966년 8월
經濟企劃院, 『第2次經濟開發5個年計劃(案) 1967~1971』, 經濟企劃院, 1966년 7월
大韓民國政府, 『第1次經濟開發5個年計劃(1962-1966)』, 大韓民國政府, 1962
大韓民國政府, 『第2次經濟開發5個年計劃(1967-1971)』, 大韓民國政府, 1966
商工部에너지需給對策委員會, 『綜合에너지需給計劃: 1967~1976』, 商工部에너지
　　　　需給對策委員會, 1966
商工部, 『長期에너지綜合對策 1974~1981』, 商工部, 1974
『경향신문』, 『동아일보』, 『매일경제』, *The New York Times*

권오수, 2020『1945~1949년 미국의 대한석유정책과 한미석유협정 체결』, 동국대
　　　　학교 사학과 박사학위논문
김성준, 2017『한국 원자력 기술체제 형성과 변화, 1953-1980』, 서울대학교 협동
　　　　과정 과학사 및 과학철학 전공 박사학위논문
김호철, 2010『한국 에너지정책 레짐의 역사적 전개』, 고려대학교 행정학과 박
　　　　사학위논문
대니얼 예긴, 김태유・허은녕 역, 2017『황금의 샘』1・2, 라의눈
대한석유협회, 1990『석유산업의 발전사』, 대한석유협회 홍보실

박배균·장세훈·김동완 엮음, 2014 『산업경관의 탄생: 다중스케일의 관점에서 본 발전주의 공업단지』, 알트

雙龍五十年史編纂委員會, 1989 『雙龍五十年史』, 雙龍五十年史編纂委員會

여영섭, 2015 『석유 135년, 이 땅에서의 기록』, 지식과감성

오선실, 2017 『한국 현대 전력체계의 형성과 확산, 1945~1980』, 서울대학교 대학원 협동과정 과학사 및 과학철학 전공 박사학위논문

오원철, 1997 『한국형 경제건설 6: 에너지정책과 중동진출』, 한국형경제정책연구소

오진석, 2021 『한국 근현대 전력산업사, 1989~1961』, 푸른역사

전범성, 1988 『실록기업소설 김종희 한국화약창업비화』, 서문당

정대훈, 2022 『해방 이후 전원(電源)개발구상과 전력산업 개편』, 한양대학교 박사학위논문

정선군청, 2005 『정선군 석탄산업사: 1948-2004』, 정선군청

趙東成, 1981 『國際資源論: 石油問題를 中心으로』, 博英社

티머시 미첼, 에너지기후정책연구소 역, 2017 『탄소 민주주의』, 생각비행

韓國電力公社 編纂委員會, 1989 『韓國電氣百年史』 上·下, 韓國電力公社

Barbara L. Pederson, 1990 *A Century of Spirit: Unocal, 1890-1990*, Union Oil Company of California

Daniel Yergin, 2009 *The Prize: The Epic Quest for Oil, Money & Power*, New York: Free Press

Fred L. Hartley, 1977 *"The spirit of 76": The story of the Union Oil Company of California*, New York: Newcomen Society in North America

Richard J. Stegemeier, 1990 *A Century of Spirit: the History of Unocal*, New York: The Newcomen Society Of The United States

Stephen J. Randall, 2005 *United States Foreign oil Policy Since World War Ⅰ: for Profit and Security*, Quebec: McGill-Queen's University Press

Timothy Mitchell, 2011 *Carbon Democracy: Political Power in the Age of Oil*, London and New York: Verso

곽경상, 2016「해방 후 남한 석유시장의 재편과 울산 정유공장 건설계획」『동방학지』176, 연세대학교 국학연구원

권오수, 2018「제2차 경제개발5개년계획 시기(1967~71) 전력산업과 미국 석유회사」『동국사학』65, 동국대학교 동국역사문화연구소

권오수, 2021「미군정기 미군의 석유 운영과 석유배급회사 활동」,『역사와교육』33, 역사교육연구소

김동완·김민호, 2014「울산공업단지의 서막, 정유공장 건설의 정치지리」, 박배균·장세훈·김동완 엮음,『산업경관의 탄생: 다중스케일의 관점에서 본 발전주의 공업단지』, 알트

朴禎秀, 1968「國營企業體의 民營化 方案과 그 問題點」,『經商論集』4, 건국대학교

임채성, 2008「해방 후 석탄산업의 재편과 귀속탄광의 운영(1945~1950년)」,『아세아연구』51-4, 고려대학교 아세아문제연구소

편집부, 1970「[경인에너지] 사업현황」,『전기협회지』20, 대한전기협회

David S. Painter, 2012 "Oil and the American Century" *The Journal of American History*, 99-1

Ohsoo Kwon, 2022 "Machinations from on High: U.S. Aid Plan and Oil in South Korea" *Diplomatic History*, 46-1

Ohsoo Kwon, 2023 "The secret of September: The 1949 oil agreements between the United States and South Korea" *Modern Asian Studies*, 57-6

공장도시에서의 산업선교

인천도시산업선교회의 활동을 중심으로

• • •

소 준 철

이화여자대학교

공장도시에서의 산업선교
인천도시산업선교회의 활동을 중심으로

머리말

팽이부리말은 인천에서도 가장 오래된 빈민 지역이다. 지금 팽이부리
말이 있는 자리는 원래 땅보다 갯벌이 더 많은 동네였다. 그 바닷가에
'고양이 섬'이라는 작은 섬이 있었다. 호랑이가 살 만큼 숲이 우거진 곳
이었다던 고양이 섬은 바다가 메워지면서 흔적도 없어졌고, 오랜 세월
이 지나면서 그곳은 소나무 숲 대신 공장 굴뚝과 판잣집들만 빼곡이 들
어찬 공장 지대가 되었다. 그리고 고양이 섬 때문에 생긴 '팽이부리말'이
라는 이름만 남게 되었다.[1]

인천도시산업선교회가 위치한 만석동은 인천의 대표적인 공업지역
이자 빈민가였다.[2] 그러나 개발의 흐름 앞에서 '공업지역'이자 '빈민가'

---

[1] 김중미, 2001 『괭이부리말 아이들』, 창작과비평사, 11쪽
[2] 이화여자대학교 문리대 사회학과 이효재, 이동원은 서울의 빈민지역 367가구(사당
동·염창동(현재의 안양천 지역))과 인천의 273가구(만석동·북성동) 등 640가구를
대상으로 도시빈민의 가족문제 및 가족관계에 관한 연구를 진행했다. 당시 이 연
구는 이농민들이 이주 전 가졌던 기대에 비해 이주 후 어려움을 더 겪는다는 결과

의 모습이 지워져 나갈 상황이 목전에 다다랐다. 2021년, 18만㎡에 달하는 화수화평재개발사업으로 지상 40층 규모의 아파트 31개동을 짓는 사업이 시작됐고, 사업부지 안에 위치한 인천도시산업선교회의 철거 문제가 불거졌다.[3] 공간이 사라진다는 계획은 만석동의 역사성을 재정리해야 할 필요를 낳는다. 그래서인지 만석동 지역의 생활사에 대해서는 수도국산달동네박물관이 발간한『인천의 산업 거점 만석동』(2021)과 국립민속박물관의『인천 공단과 노동자들의 생활문화』(2018)을 통해 정리된 바 있다. 앞의 작업에서 만석동은 1905년 매립사업이 이뤄지며 근대적 '공장지역'으로 육성된 장소, 한국전쟁 이후 만석부두에 월남한 피난민들의 집단거주지, 1960년대와 1970년대 육성된 중공업 산업으로 인해 공장 노동자들이 유입된 장소로 알려져 있다.[4]

　이 글은 만석동을 공장과 빈민가를 연결했던 도시산업선교 활동으로 돌아보려 한다. 도시산업선교는 1957년 예수장로회에서 먼저 시작했는데, 이는 미연합장로교회(PCUSA)에서 아시아지역의 산업전도를 위해 헨리 존스 목사(Rev Henry D. Jones)의 영향이었으며, 동아시아기독교협의회(East Asia Christian Conference)의 산업전도사업 담당 협동총무였던 그가 아시아 순방 중 1957년 3월 한국을 방문해 예수장로회 전도부 관계자들에게 산업전도운동을 권유한 게 그 계기였다. 이후

를 내놓았으며, 이농민 상당수가 고등교육 혹은 전문기술이 없기에 품팔이 등의 단순노동에 종사할 수밖에 없다는 점 역시 밝힌 바 있다(「이대 사회학과 조사결과 이농민 ... 37%가 더 못사는 편」『경향신문』1972년 4월 12일).

3 재개발 추진과정에 대해서는 인천투데이의 「[개항장 기행] '무네미 마을 쌍우물'과 '인천도시산업선교회'」(2022/4/5)를 검토하고, 인천도시산업선교회 미문의 일꾼교회와 재개발조합 간의 '원형 이전과 원위치 상징물 설치'에 대한 내용은 한겨레의 「철거 위기 인천 도시산업선교회 '원형 그대로 이전'한다」(2022/5/26)를 검토하길 바란다.

4 수도국산달동네박물관, 2021『인천의 산업 거점 만석동』, 수도국산달동네박물관, 10쪽

한국 예수장로회는 1957년 4월 12일 전도부에 산업전도위원회를 조직했고, 1957년 9월 42일 총회를 통해 산업전도위원회 설치를 인준했다. 그 뒤를 이어 가톨릭의 지오쎄(JOC, 가톨릭 노동청년회), 감리교(1961.9), 성공회(1961.10), 기독교장로회(1963), 구세군(1965) 등이 차례로 사업 전도에 착수했다.[5] 인천의 경우, 감리교는 인천도시산업선교회(현재의 미문의일꾼교회)를 세웠고, 예수장로회는 동인천선교센타(현재 동인교회)를 세웠다.

특히 인천도시산업선교회의 활동은 만석동이라는 지역을 기반으로, 공장의 노동과 노동자 빈민의 삶을 대상으로 이루어졌다. 도시산업선교회에 대한 연구는 선교회와 노동자 각각에 대한 중요성을 제기하는 연구들이 있다. 인천도시산업선교회의 주력 구성원이었던 조승혁의 『도시산업선교의 인식』(1981)은 선교회의 중요성을 확인하는 주된 글이다. 또 한국예수장로에서 산업선교회의 40주년, 50주년, 60주년을 기념하며 만든 자료집의 경우도 여기에 해당한다. 그리고 구해근의 『한국노동계급의 형성』(2002) 역시 여기에 해당한다. 구해근은 같은 책 4장에서 1970년대 노동운동이 여성지향적이었던 점이 주된 착취대상이었던 여성에 대한 교회의 의도적인 조직화로 가능했다고 보며, 국가와 산업에 의해 침해됐던 인간적 대우의 회복은 당연한 일이었다는 주장을 한다. 반면에 김원은 앞의 주장을 비판하며, 여성노동자의 활동이 가진 독자성과 자율성을 검토할 필요가 있다고 지적한다. 즉, 민주화운동이라는 거대한 담론에 여성의 민주노조운동을 배치시킨 데서 발생한 착시로 봐야 한다는 점이다.[6]

---

5   정병준, 2007 「예장산업선교 50년사」 『총회 도시산업선교 50주년 농민목회자협의회 20주년 기념 총회 도시농어촌 선교대회 자료집』, 대한예수교장로회 총회 국내선교부, 100쪽

6   김원, 2004 「1970년대 민주노조와 교회단체: 도시산업선교회와 지오세 담론의 형

그렇지만 도시산업선교회가 민주노동운동의 상징이라거나 민주노동운동의 착시라는 두 시선 모두 한계가 존재한다. 두 가지 의견은 민주노조운동의 성장과정에 대한 이견을 제기한 것이며, 민주화운동이라는 거대한 정치적 흐름을 두고 벌어지는 논쟁에 국한되기 때문이다. 그렇기에 도시산업선교회의 조직화 과정과 그 논리를 따지는 일은 무척 중요하다. 이상록(2015)이 제기한 대로 인천도시산업선교회의 리더인 선교사 조지 오글(오명걸)의 산업 민주주의 구상이 가진 가능성과 한계는 중요한 예가 된다. 즉, 인천도시산업선교회가 '상향식 민주주의', '노동자 중심의 노동 운동(을) 강조'하는 부분적인 급진성을 지녔지만, '노사정 위원회'의 설치와 '지도된 민주주의'라는 한계가 자명하다는 점이다.[7]

만석동이라는 지역 내에서 도시산업선교회의 역사성을 미시적으로 재검토하는 일은 지역의 어떤 사정이 도시산업선교회의 변화를 이끌어냈는가를 확인하는 일이다. 이는 목사/실무자와 노동자의 관계성을 재검토하는 데서 시작한다. 다만, 이 관계성은 정부의 정책과 탄압과 같은 외부적인 요인뿐만 아니라 지역 내 기업·업종의 영향, 또한 빈민인 노동자들의 생활과 거주지 이동 같은 내부적인 요인에 의해 해석될 수 있다. 이는 산업전도에서 산업선교로의 전환의 효과를 검토할 수 있게 하며, 궁극적으로는 도시산업선교회가 '노동운동'으로 추진한 결과가 무엇인지, 노동운동으로서의 산업선교가 영향력을 잃게 됐는지를 검토할 수 있게 할 것이다.

성과 모순」『산업노동연구』 10-1 ; 김원, 2005 『여공 1970, 그녀들의 반 역사』, 이매진
7 이상록, 2015 「1960~1970년대 조지 오글 목사의 도시산업선교 활동과 산업 민주주의 구상」『사이間SAI』 19, 국제한국문학문화학회

1. 만석동은 어떤 곳이었나

1) 공장도시, 만석동

인천은 개항 이후 일본인과 청인을 비롯한 외국인이 일찍이 자리 잡은 지역이었으며, 이들을 위한 조계지가 형성됐다. 그러나 조계지가 금세 부족한 상황에 처했고, 일본은 해안 매립지를 활용해 부족한 땅을 확보했다. 특히 철도역과 무역항이 가까웠던 만석동은 간척사업의 주된 장소가 됐으며, 매립 후 이 지역은 상공업이 발달해졌다. 1910년대 정미업, 재제염업, 제분업 등의 공장이 들어섰고, 1930년대에는 중공업과 조선소가 들어섰다.[8]

맨 먼저 자리 잡았던 것은 정미업이었다. 개항 이후 인천이 미곡 집산지이자 수출항으로 정해진 후, 만석동에는 대량의 쌀을 도정할 수 있는 기계식 정미소가 생겼다. 정미소의 이름은 김신정미소(1914년, 만석정 70), 조선물산(1917년, 만석정 18), 사이토정미소(1919년, 만석정 24), 마루키타정미소(1922년, 만석정 71), 아리마정미소(1924년, 만석정 15 추정) 등이었고, 이들 모두 기계를 감독하는 소수의 일본인 관리자와 조선인 정미공 등으로 구성됐다.[9] 다만, 1930년대 후반에서 1940년대 초반 조선총독부의 미곡통제 정책이 실시됐고, 이로 인해 정미업이 쇠퇴했고, 이 과정에서 만석동의 정미소들 역시 휴업 혹은 폐

---

8   이에 대해서는 다음의 도시생활사 조사 자료집을 참조할 것. 인천광역시 동구, 2020 『인천의 산업 거점 만석동』, 인천광역시 동구
9   당시 미곡 수출항이었던 부산, 군산, 목포 역시 마찬가지였다. 자세한 내용은 남지현·장회숙, 2014 「인천 정미업을 중심으로 한 산업유산군의 형성에 관한 연구」 『건축역사연구』 23-2 ; 이마이 이노스케, 2007 『인천향토자료조사사항 상』, 인천대학교 인천학연구원

업한 것으로 추정된다.[10]

정미업과 함께 유명했던 산업도 재제염업이었다.[11] 1910년대 초, 소금을 제조하는 제염업 공장이 만석동과 송현동 인근에 다수 존재했다. 이때 소금은 중국에서 수입한 천일염으로, 국내 유통을 위해 재제염해야 했다. 이는 "해안매립을 통해 충분한 땅이 확보되었으며, 인천항까지 교통이 편리하고, 근처에 조선인 거주지가 위치하여 노동력이 풍부"했고, 인접한 "철도와 항구는 수입 소금의 운송 원가를 낮추는데 기여했다." 다만 1930년대 후반에는 국내에 유통되는 천일염의 품질이 좋아졌고, 이로 인해 재제염할 필요가 없어지며 재제염 공장이 거의 사라졌다.[12]

앞선 정미업과 재제염업 공장은 1930년대를 거치며 대개 사라졌지만, 밀가루를 제조하는 제분공장은 1920년대 설립되어, 해방 후에도 지속됐다. 특히, 1925년 일본제분이 당시로서 가장 큰 규모의 시설을 갖춘 공장을 지었고, 서울의 풍국제분이 1934년 서울의 용산공장에 이어 만석동에 분공장을 설치했다.[13] 해방과 한국전쟁을 거치면서, 인천제분은 1952년 대한제분으로, 풍국제분은 1957년 삼화제분으로 불하됐다.

만석동 일대는 1930년대 들어서면서 본격적으로 공업화됐다. 그 시작은 동양방적의 설치부터였으며, 1930년대 후반 전시체제에서 일본

10   정안기, 2020 「1940년대 기업정비 3대 업종의 연구」 『경영사학』 35-2, 경영사학회, 126~127쪽
11   재제염업은 천일염을 물에 녹여 아래쪽에 만들어지는 순순한 소금 결정을 걷어내 꽃소금을 만드는 사업을 말한다.
12   만석동 지역에 있었던 재제염업소는 총 8곳이 있었는데, 인천의 총 15개 재제염공장의 절반가량이 위치했다. 제염소 대개는 1908년에서 1912년 사이에 설립됐다. 1930년대 초에는 총 3개의 재제염 공장 정도가 남았으며, 1930년대 후반에는 거의 사라졌다. 인천광역시 동구, 2020 앞의 책, 62~63쪽
13   인천광역시 동구, 2020 앞의 책, 64~65쪽 참조.

의 조선 공업화정책으로 중공업 공장인 조선업 공장이 등장했다. 이
로 인해 만석동과 화수동, 송현동 등은 거대한 중공업지대로 탈바꿈
했다.[14] 가장 큰 규모를 차지했던 건 동양방적(1934년, 만석정)과 조선
기계제작소(1937년, 만석정)이었다.[15] 동양방적은 "미에방적, 오사카방
적, 오사카합동방적 등 크고 작은 20여 방적회사가 병합했던 오사카의
동양방적주식회사"의 첫 조선 진출 시도였다. 이들이 "인천에 진출해
대공장을 설치하게 된 장소는 만석정의 약 2만 평과 5천 평의 사택부
지 선정에서였으며, 인천부가 알선 제공한 결과였다. … 조업에 필요한
인력은 남공 300명과 여공 800명 수준으로 인천부가 보조 알선하기로
했다."[16] 실제로는 남공 200명과 여공 1,000명을 채용하려 했지만, 장
시간 노동과 저임금 문제로 지원인원이 모집인원에 비해 미달했다.[17]
하지만 1934년의 흉작의 여파로 동양방적을 비롯한 동양방적의 직공
지원자가 일시적으로 크게 늘었지만, 1930년대 후반이 되면 풍국제분
등 주변에 대형 공장이 늘어나며 인력 부족현상이 나타났다.[18]

14 이외에도 식민지기에 전동기와 변압기를 생산했던 조선도시바전업은 1950년 서상
록이 불하받아 이천전기공업이 됐고, 이천전기는 1950년대 가장 유망한 회사로 손
꼽히기도 했다(「끝없는 혁명」 (7) 제1부 혁명전야 (6) 『전자신문』 1999년 4월 1일).
근처 송현동 66번지에는 1937년 일본차량주식회사 인천공장(1961년 10월 이후 철
도청 인천공작창)이 있었고, 1940년 조선이연금속(현 인천제철) 역시 인근에 있었
다. 또 학익동과 용현동에는 조선중앙전기, 제국제마주식회사(흥한방적, 한일방직
으로 변경), 히타치제작소, 경성화학주식회사 등 역시 진출했다(「광복의 그날까지
여직공들은 기계를 돌렸다 〈7〉 인천지역 공장과 사택, 전쟁통에 확장」 『기호일보』
2014년 12월 11일).
15 기계 제작을 위해 필요한 자재 혹은 부품 공장 역시 연이어 들어섰다. 1927년 조선
기계제작소와 함께 세워진 회사로 조선제강소가 있었다. 인천광역시 동구, 2020
앞의 책, 66~67쪽 참조.
16 「상권이 축소되는 인천 생산도시화에 급급 동양방적공장 설치에 후원 부의회 만
장일치로 원안 가결」 『매일신보』 1932년 7월 16일
17 「노동해도 못 살 세상 임은 겨우 5,60전 쌀 한 되 35전 식구는 4,5명」 『조선중앙일
보』 1934년 10월 14일
18 「인천여공부족 서로 모집경쟁」 『조선중앙일보』 1935년 8월 17일

뿐만 아니라 기계 공업, 조선업, 목재업 등 당시로서는 최신의 중화
학공업 공장들이 대거 포진했다. 조선기계제작소는 금광산용 기계와
일반 기계를 생산했고, 계속하여 시설을 확충하며 주조, 단조, 제관,
기계로 이뤄지는 생산체계를 구축했으며, 철강소재를 주로 생산했다.
주변에는 조선기계제작소에 제품을 납품하는 하청업체들도 자리 잡았
으며, 태평양전쟁 당시 선박용 기계로 주력 생산품을 전환했고, 1943년
부터 잠수함을 건조하기도 했다. 해방 후 조선기계제작소는 상공부가
직접 운영했고, 5.16 군사쿠데타 이후 해군이 관리했으나, 1963년 "한
국기계공업주식회사법"에 의거해 공기업인 한국기계공업주식회사으
로 전환했다. 이후, 1968년 신진자동차에 인수시키며 민영화했다.[19]

또 만석동에는 1930년대 후반에서 1940년대까지 7개의 조선소가 있
었다. 식민지기 만석동에는 "오니스가와, 오히라, 오끼하라, … 요시다,
나리따, 하야시, 후지가와" 등이 있었다.[20] 이 공장들은 "기관을 탑재
한 중소형 목선과 무동력선인 하스끼(바지선) 등을 건조했고, 전시체
제 하에서 목선 화물선을 건조했다. 전쟁이 본격화된 상황에서 후지
가와 조선소와 오히라 조선소는 군수공장으로 폭격에 의해 파손된 화
물선 수리나 일반 상선을 군용화물선으로 개조하는 데 집중했다.[21] 해
방 후에는 조선기계제작소의 선박 관련 부서에서 큰 배나 잠수함 등
을 수리했고, 만석동의 조선소들은 주로 작은 배를 수리했다.[22]

1936년 조선목재공업의 설립 역시 만석동의 한 세기를 말한다. 조

19 이후 1976년 한국기계공업주식회사와 대우기계를 합병해 대우중공업으로 이름을
    바꿨다. 이후, 종합기계사업 분야는 2005년 두산중공업(현, 두산인프라코어)에 합
    병됐으며, 조선해양 분야는 대우조선해양으로 분리됐다.
20 최상윤, 2005 『평생 배를 만들었던 인천토박이 - 목수 최상윤의 삶』 『20세기 한국
    민중의 구술자서전 - 어민편: 짠물, 단물』, 소화, 122쪽
21 인천광역시 동구, 2020 앞의 책, 66~75쪽
22 인천광역시 동구, 2020 앞의 책, 79~80쪽

선목재공업의 후신인 대성목재공업은 근대적 설비를 도입한 제재 공장으로, 국내에서 처음으로 나왕(羅王, 열대 활엽수림의 총칭) 합판을 생산한 곳이며, 여기서 생산된 합판은 항공자재로 쓰였다. 1942년, 조선목재통제령이 공포되면서, 목재의 배급 통제가 이뤄진 상황에서, 조선목재공업은 조선목재주식회사로 이름을 바꿨으며, 같은 해 대성목재공업으로 이름을 다시 바꾸며 조선의 유일한 목재 이출입 권한을 가진 전시 독점 조직으로 기능했다. 해방 후, 대성목재는 민간인에게 위탁했으며, 1952년 손병도에게 귀속했다. 대성목재의 전성기는 1960년대였는데, 정부의 강력한 수출 지원 정책과 해외수요 증가 덕분이었다.[23] 그렇지만 미국의 주문량이 줄어들었던 1969년 결국 부실기업이 되었고, 1974년 수출 부진으로 인한 불황을 경험했다. 이후, 대성목재는 주인이 계속 바뀌었고, 2022년 동화기업에 흡수합병됐다.[24]

　식민지기부터 이어져 온 제조업 도시로의 명맥은 한국전쟁 후에도 이어졌다. 만석동에는 이미 자본규모가 큰 대기업과 함께 중소규모의 제조업체가 밀집했고, 여기서 구직하는 노동자가 늘 있었기 때문이다. 또 대형공장이 들어설 수 있는 입지 조건 역시 영향을 미쳤다. 한국전쟁 이후 사세를 유지했던 식민지기의 대형공장은 동양방적과 대성목재, 조선기계제작소, 인천제분과 풍국제분이었다. 한국전쟁 이후, 이 공장들은 한국인들에게 불하되었는데, 1952년 인천제분은 대한제분으로 바뀌었고, 1955년 동양방적은 동일방직으로 바뀌었으며, 1957년 풍국제분은 삼화제분으로 바뀌었다. 조선기계제작소는 1963년 한국기계공업주식회사로 사명을 바꾸며 공기업화됐다가, 1968년 신진자동차에 인수되며 민영화됐다.

23　인천광역시 동구, 2020 앞의 책, 110~111쪽
24　「대성목재공업 간판, 역사 속으로」『인천일보』2022년 9월 12일

전후에 새로운 기간산업공장이 들어서기도 했다. 한국전쟁 후 인천
에 들어선 가장 중요한 업체는 인천판유리공장이었다. 대한석탄공사
의 저탄장 자리였던 만석동 1번지에 들어선 인천판유리공장은, 전후
부흥정책인 "3대 기간산업공장"의 건설 계획의 일환으로, 시멘트, 비
료, 판유리 등 3개의 중점산업 설치/운영의 일환이었다. 이에 1953년
부터 UNKRA와 FOA의 자금이 지원되며, 1957년 3월 11일 인천유리공
업주식회사가 창립됐다.[25] 이후 한국유리공업주식회사로 명칭을 바꿨
고, 창유리, 금망유리, 형유리, 서리유리, 모서리유이 등 다종의 판유
리를 생산했다.[26] 한국유리공업주식회사는 1960년대 제1차 경제개발
5개년 계획과 제2차 경제개발 5개년 계획의 영향으로 유리 수입이 금
지되자, 한국유리공업주식회사의 유리 공급 독점 상황이 발생했고, 이
는 1970년대까지도 이어졌다.[27]

2) 한국전쟁 이후 노동자들의 삶

만석동은 앞서 살폈던 공장 노동자들과 한국전쟁기 피난민이 어우
러진 장소였다. 한국전쟁 전까지 만석동을 비롯한 인천에 이주한 이
들은 주로 해방직후 식민지기 친일파와 '민족반역자'였고, 대개는 모
스크바 3상회의 결정 이후 기독교인과 우파민족주의자, 지주세력 등의
이탈성 월남자였다. 또 취업과 유학을 온 이들도 있었다. 게다가 인천은
월남민들이 선호했던 정착지 중 하나였다.[28] 김보영은 월남민의 규모

---

25 인천광역시 동구, 앞의 책, 103쪽
26 인천광역시 동구, 앞의 책, 105쪽
27 1990년대 외국산 유리 수입으로 인해 적자가 커졌고, 1997년 한국유리는 인천공장
   을 매각했다. 인천광역시 동구, 앞의 책, 106~107쪽
28 이현주, 2005「해방후 인천지역의 戰災同胞 귀환과 사회변화」『인천학연구』4, 인

를 1946년 말 40만여 명 정도라고 거칠게 추정했다.[29] 여기서 인천으로 들어 온 사람은 대략 54,344명이었다. 같은 시기 서울에 거주한 월남민의 수가 11만여 명이었다는 수치에 비교하면 결코 적은 수가 아니었다. 다양한 월남민들이 인천으로 이동한 이유란 진입이 쉬운 항구 도시일 뿐만 아니라 일자리가 상대적으로 넉넉한 공업도시이기 때문이었다.[30]

한국전쟁은 월남민의 인천으로의 이동을 가속화했다. 이임하는 1953년 9월 경기도에 거주하는 월남민을 263,068명으로 추정했는데,[31] 한국전쟁으로 인한 월남민은 전쟁을 피해 급히 피난온 사람들로, 해방과 한국전쟁 발발 사이에 이주해 온 월남민에 비해 경제적으로 더욱 어려운 처지였으며, 한국전쟁이 곧 끝나리라 생각하고 잠시 피신한 단신 월남한 사람들이었다. 『인천시사』에 실린 통계로 보면, 월남민의 수는 전체 인구의 30%에 달했다.[32] 1952년 인천시의 원주민 인구가 181,375명이었는데, 피난민은 75,376명이었고, 전쟁이 끝난 1953년 말 원주민은 188,982명, 피난민은 74,366명이었다.[33]

만석동과 북성동, 송현동은 월남한 사람들, 특히 황해도민의 유명한 정착촌이었다. 서해안의 이북지역서 해상을 통해 월남한 피난민들이 많았는데, 그중에서도 인천서 가장 가까운 황해도 출신이 많았다. 남

천대학교 인천연구원, 256~259쪽

29 김보영, 2011 「분단과 전쟁의 유산, 남북 이산(분단 디아스포라)의 역사」 『역사학보』 212, 역사학회, 212쪽

30 이현주, 2005 「해방후 인천지역의 戰災同胞 귀환과 사회변화」 『인천학연구』 4, 인천대학교 인천연구원 256~259쪽

31 이임하, 2008 「한국전쟁기 유엔민간원조사령부의 인구조사와 통제」 『사림』 33, 수선사학회, 68쪽

32 인천시사편찬위원회, 1993 『인천시사』, 인천광역시, 471쪽

33 이세영, 2017 「해방~한국전쟁기 인천 지역 월남민의 정착과 네트워크 형성」 『동방학지』 180, 연세대학교 국학연구원, 182~183쪽

북이 갈라서기 전에는 인천과 황해도는 선박을 통해 왕래가 잦았던 곳이었기에 월남민들의 피난이 용이했고, 월남한 이후 피난민들은 고향과 가까운 인천서 돌아갈 날을 기다리겠다는 마음으로 정착했기 때문이다. 특히 만석동과 송현동, 북성동, 송월동, 답동 등은 황해도민들이 초기에 모여 살던 곳이었으며,[34] 만석동과 북성동 일대와 지금의 인하대 자리에 피난민을 위한 천막식 피난민 수용소도 있었다. 전쟁이 끝나자 피난민의 대부분은 만석동과 송현동에 피난민촌을 형성했고, 식민지기 저소득층의 밀집 주거지인 송현동 산1번지 '수도국산'에 모여 살았다.[35]

뿐만 아니라 만석동 2번지에서 9번지까지 이어진 괭이부리마을에의 거주 역시 활발했다. 괭이부리마을은 태평양전쟁기 잠수정 건조를 위한 도크 신축 과정에서 만든 숙사였으나, 한국전쟁에서 발생한 월남민의 생활공간으로 바뀌었고,[36] 이후에도 끊임없이 인구가 들고나는 과정에서 괭이부리마을은 저소득층 노동자들의 밀집거주지역의 대표 격으로 불리고 있다.

이러한 피난민의 삶은 1970년대 노동자의 생애에서도 확인할 수 있다. 특히 1970년대 동일방직 민주노조의 세 번째 여성 지부장이었던 이총각의 생애는 대표적이다. 그녀는 1947년 황해도 연백 출신으로, 1951년 그는 어머니와 함께 월남했고, 만석동과 송현동 사이 화수동이었다. 사람들은 천막식 피난민 수용소에서 지냈고, 이총각의 가족은 부두 앞 세관창고에서 지냈다.[37] 당시의 생활은 이랬다. "살림살이라

34 류제헌 외, 2010 「인천시 아이덴티티 형성의 인구·문화적 요인」 『인천학연구』 13, 인천대학교 인천연구원 참조.
35 이세영, 2017 앞의 글, 184~185쪽
36 「유동현의 골목만보」 일제의 쇠물뚝 '아카사키촌' 『인천일보』 2019년 8월 14일
37 「길을 찾아서」 인천 피난민들 천막촌 '나의 제2의 고향' 『한겨레』 2013년 5월 19일

고 할 말한 것도 없어서 겨우 죽이나 끓여 먹을 냄비때기 하나가 있었
을 뿐 취사장이 따로 있는 것도 아니었다. 식수는 세관창고 옆에 있는
우물에서 길어 와 먹었지만, 빨래는 창고˙지붕에서 떨어지는 빗물을
이용할 수밖에 없었다. 무엇보다 먹는 게 문제였다. 짐승들에게나 먹
이는 밀기울을 빻아서 쌀과 보리를 조금씩 섞어 끓인 밥은 입안이 깔
깔해서 도무지 목 넘기기가 쉽지 않았다. 그나마도 늘 먹을 수 있는
것도 아니었다." 1950년대 후반이 되면, 이총각의 집은 화수동에서 만
석동 6번지로 이사를 했다. 비슷한 천막촌이었지만, 이전과 달리 "칸
막이가 있었고 밥을 끓여 먹을 수 있는 부엌 공간"도 있었고, "가마니
가 아닌 왕골로 만든 바닥"이 있는 집이었다.[38] 그럼에도 공동화장실을
이용해야 했다. "늘 긴 줄 끝에 서서 동동거려야 겨우 내 차지가 되었
던 화장실은 겨울이면 똥오줌이 꽁꽁 얼어붙어 엉덩이에 닿을 지경"
이었고, "여름이면 흘러넘쳐 온 동네에 냄새가 진동"했다. 또 우물도
"한밤중까지 줄이 길어 서로 먼저 떠가겠다고 법석"이었다.[39] 1960년대
에 들어서 만석동 아랫마을에 공동수도가 들어왔다. 산꼭대기마을과
아랫마을 모두가 하나의 공동수도만 사용할 수 있었던 터라 "20~30미
터씩 통으로 줄을 세워 놓고는 새치기를 했느니 통이 없어졌느니 하
루가 멀다 하고 머리끄덩이 싸움판"이었다.[40]

  이총각과 그 가족들이 만석동에서 생활을 지속했던 이유는 일자리
가 많아서였다. 전쟁이 끝난 후, 폐허에 가까웠던 만석동은 불하와 투
자 등을 기반으로 공업지역으로 재기했다. 만석동의 주요한 공장은
동일방직, 한국유리, 대성목재, 한국기계공업주식회사 등이었고, 학익

38 「길을 찾아서] 고단했던 화수·만석동 시절의 삶」『한겨레』 2013년 5월 20일
39 「길을 찾아서] 10살에야 들어간 미인가 초등학교」『한겨레』 2013년 5월 21일
40 「길을 찾아서] '하늘의 별 따기' 동일방직에 들어가다」『한겨레』 2013년 5월 23일

동과 용현동의 흥한방적 등까지 포함하면, 인천항을 중심으로 한 거
대한 공업지역이었다.

그렇지만 1960년대, 동일방직과 같은 대형공장의 '취업'은 굉장히 어
려웠다. 1966년, 여공이 된 이총각은 자신의 취업에 비추어 "누구는 회
사 간부의 사택에서 식모로 1~2년간 일했다 하고, 누구는 사돈의 팔촌
까지 동원해 몇 년씩이나 공을" 들였지만, 자신은 "언니가 5년 넘게 성
실하게 일하며 터를" 닦고, 관리자한테 굴비 한 짝을 '뇌물'로 바치고
서야 가능한 결과라 말했다.[41] 1970년대 여공이 된 정명자 역시 "동일
방직에 입사하기 위해 '빽'을 쓰려는 여공들이 줄을 섰어요. '페이'가
센 대신 일이 워낙 힘들어 몸이 약해도 안되고, 키가 작아도 못 들어
갔는데도요."[42]라 말했다. 게다가 동일방직은 다른 공장에 비해 "건물
도 깨끗"했기에 많은 이들이 취업을 희망했다.[43]

그렇지만, 노동자들의 삶은 녹록치 않았다. 예컨대 방직공장은 "목
화솜이 광목이 되어 나오는" 곳이었고, "고막을 울릴 정도로 크게 부
는 기녀(총책임자)의 호각소리에 맞추어 질서 정연하게 손이 움직이
는" 현장이었다. 그래서 공장의 공기는 "눈을 제대로 뜰 수 없을 정도
로 탁하며, 사철 여름복장을 입어야 할 만큼 덥고, 유난히도 큰 기계
소리에 올바로 자기 정신을 차리기가 힘들 정도"였다. 방직공장의 여
공들은 오전 5시가 되면 공장에 출근했다. 앞선 근무조와 교대하기 위
해서였고, 출근하자마자 8시간 내지 12시간을 꼬박 일했다. 일이 끝나
면 생활하는 숙사(기숙사)로 돌아갔다. 교대시간은 12시간 노동자들은
오후 5시와 오전 5시, 8시간 노동자들은 오후 1시, 밤 9시, 오전 5시였

41 「길을 찾아서」 '하늘의 별 따기' 동일방직에 들어가다」 『한겨레』 2013년 5월 23일
42 「1부 – 현대사 60년의 주인공들 (2) 여공」 『경향신문』 2008년 8월 5일
43 「길을 찾아서」 '하늘의 별 따기' 동일방직에 들어가다」 『한겨레』 2013년 5월 23일

을 것으로 추정된다.[44] 만석동 노동자들에게 고된 노동, 저임금과 고
용 불안정은 일상이었다. 19060~1970년대 '산업역군'이라는 희망찬 호
명과 달리 노동자들의 사정은 악화되었다. 이런 사정은 공장 내 노동
조합운동의 필요로 이어졌다. 특히, 동일방직은 그 중심이었다. 최초
의 여성지부장 선출, 나체 투쟁, 다양한 계층·조직과의 연대가 이뤄
졌다. 이에 대한 탄압 역시 그 어떤 곳보다 강경했다. 만석동 노동자
들은 인천뿐만 아니라 한국 노동사의 가장 뜨거웠던 성취이자 상징이
었다.

2. 인천도시산업선교회는 어떤 활동을 하였는가

1) 산업선교의 시기

만석동 공장과 노동자들은 산업선교를 통해 공장 밖 사회를 처음
접했다. 산업선교는 1961년 9월 "산업전도사업"이란 이름으로 시작됐다.
초기 산업전도의 대상지는 한국기계공업주식회사, 이천전기공업주식
회사, 인천부두(월미도, 화수부두), 인천공작창, 전신전화국, 홍한방직
공업주식회사, 한국 베아링 공업주식회사였다.[45] 이 시기는 "공장목사"가
되는 시기라고 부르기도 했다.[46] 인천산업전도위원회(인천도시산업선

---

44 퇴근 후엔 다 각기 자신의 계획대로 지내지만, 결혼으로 가정을 꾸렸거나 본가정
과 함께 거주하는 사람들은 집안일을 하다가 남은 여가를 다 보내기 일쑤였다.
「여공들의 세계를 보고」 1964. 3. (출전: 민주화운동기념사업회 사료관 오픈아카이
브, 등록번호: 00444482)
45 「인천 산업전도위원회 종합 보고서 1962. 9~66.12.31. (5년간)」 1967. 2. 1. (출전:
민주화운동기념사업회 사료관 오픈아카이브, 등록번호: 00343269)
46 「산업전도 제2차년도 보고서(1962.10~1963.10)」 1962. 10. (출전: 민주화운동기념사

교회의 당시 이름)이 처음 공장에 진입했을 때, 위원회와 회사와의 관
계는 긍정적이었다. 여기서 첫 선교지는 한국기계공업주식회사였다.
인천도시산업선교회가 진입하기 전, 감리교 인천 동지방 감리사 조용
구 목사가 이미 이 공장에서 매주 1회 예배를 갖고 있었다.[47] 인천도
시산업선교회는 조용구를 통해 "회사의 허락을 받아 (조용구 목사가)
점심시간에 공장교육실에서 예배를" 드렸으며, "12시부터 12시 30분까
지 … 함께 공장식당에서 식사를 하고, 12시 30분부터 1시까지 식당의
한 구석에서 좌담회"를 가졌다.[48] 연합감리교회 선교사인 오명걸 역시
"공장(한국기계공업주식회사)에서 일을 해오고 있습니다"고 표현할 정
도로 우호적인 관계였다.[49] 뿐만 아니라 산업전도위원회의 조직 내에도
기업주 대표가 포함되어 있었다.[50] 이 단계에서 가장 활발한 활동은
점심시간을 이용한 예배와 상담, 교육이었다. 흥한방직에서 활동한 안
연순은 점심시간을 이용해 개인 및 직공 상호 간의 문제를 상담하며,
글을 가르치고, 환자를 돌보고, 가정방문하거나 교우회를 조직했다.[51]
그렇지만, "모인 사람들이 … 토의해 나가려고 했는데 … 시끄러운 식
당에서 각자의 의견을 잘 발표할 수도 없었거니와 우리 목사들도 이
런 좌담회에 대해서 별다른 기술이 없었기 때문에 몇 개월 경과한 다

업회 사료관 오픈아카이브, 등록번호: 00441818)

47 「인천 산업전도위원회 종합 보고서 1962. 9~66.12.31. (5년간)」 1967. 2. 1. (출전:
　　민주화운동기념사업회 사료관 오픈아카이브, 등록번호: 00343269)

48 「공장에서의 증거」 1964. 3. (출전: 민주화운동기념사업회 사료관 오픈아카이브,
　　등록번호: 00443633)

49 「공장에서의 증거」 1964. 3. (출전: 민주화운동기념사업회 사료관 오픈아카이브,
　　등록번호: 00443633)

50 "산업전도위원회의 조직 구성은 다음과 같다. 목사 8, 지방대표 2, 기업주대표 1,
　　노동자대표 1, 선교사 1, 계 13명."

51 「산업전도 제2차년도 보고서(1962.10~1963.10)」 1962. 10. (출전: 민주화운동기념사
　　업회 사료관 오픈아카이브, 등록번호: 00441818)

음에는 모이는 인원도 점점 줄어들게 되어" 그만 두게 됐다.[52] 당시 인천도시산업선교회는 "800명이나 1,500명이나 있는" 공장을 하나의 "큰교구"로 생각했고, "군목이나 교목같은" "공장목사"를 파송하려는 계획을 세웠다. 1960년대 초기에는 공장 관리자들이 공장 내 산업선교에 대해 우호적으로 생각했음을 알 수 있는 지점이다.

게다가 인천도시산업선교회는 감리교 신학생들이 1개월간 공장에서 실습을 하게 했다. "산업전도 실습 보고" 문서는 신학생 김○화가 작성한 것으로, "실습보고"(가. 공장 운영에 대한 전반적인 설명, 나. 노동조건, 다. 공장에서의 신앙생활, 라. 후생문제)와 "경험과 소감"으로 이뤄졌다. 김○화는 1964년 1월 7일부터 2월 5일까지 한국기계공업주식회사의 생산부서에서 함께 노동했고, "교회를 통해" "노동의 신성과 가치를 깨닫고 국가와 민족에 속한 지체로서의 연대적인 공동의식을 갖고 일의 보람을 느끼며 불평없이 기쁨으로 매일의 노동에 임할 수 있는" "계몽교육"이 필요하다는 기록을 남겼다.[53] 이러한 실험을 기반으로 1965년에서 1966년 사이 1966년 활동방향은 실력배양을 위한 교육활동, 자체능력 실현의 다음 단계로서 자주적인 활동, 복지문제와 교회의 연관 갖기, 노동조합 조직과 활동, 단계적 자립활동, 생활지도 등으로 확장됐다. 이 시기는 "씨를 뿌려야 할 시절"로써 특히 실무자가 각 공장을 선교지로 삼아 전도활동을 했고, 개인상담과 근로조건 개선을 위한 조건을 탐색하는 활동이었다.[54] 또한 "노동자들로 하여금

52 「산업전도 제2차년도 보고서(1962.10~1963.10)」 1962. 10. (출전: 민주화운동기념사업회 사료관 오픈아카이브, 등록번호: 00441818)
53 「산업전도실습보고[인천도시산업선교회─한국기계공업]」 1964. 2. (출전: 민주화운동기념사업회 사료관 오픈아카이브, 등록번호: 00441161)
54 「(조화순) 인천도시산업선교회 활동과정에 대하여」 미상 (출전: 민주화운동기념사업회 사료관 오픈아카이브, 등록번호: 00443870)

노동운동에 적극 참여토록 하며, 그들의 권익과 인권을 되찾(게 하)는"
시간이었다고 볼 수 있다.[55]

2) 그룹화운동으로의 변화

인천산업선교회 활동의 변화는 1966년과 1967년 '평신도 훈련'을 지
향하는 데서 생겨난다. 앞서 목사의 파송과 신학생의 실습 과정에서
공장 개별적인 활동을 했던데 비해 1967년부터는 "지역 내 공장의 근
로자"가 인천도시산업선교회를 기점으로 모여 활동할 수 있게끔 시도
했다. 즉, 노동자들이 "만나고(접촉과 이해), 모으고(그룹 형성), 훈련
(근로자의 지위 향상 및 증거와 봉사를 위한 소명)"을 하며, 노동자들
이 "사회발전 과정에서 근로자가 참여하여 그들의 지위를 향상"케 하
는데 목표를 가졌으며, 목회자의 역할에 비해 평신도인 노동자의 역
할을 중시하는 변화였다. 특히 느헤미아 그룹은 62개 사업장에서 육
체노동을 하는 노동자 180여 명이 모인 조직이었고, 여기에는 남성
129명, 여성 51명으로 구성됐다(홍한방직 28명, 대성목재 19명, 한국기
계 17명, 판유리 12명, 동일방직 10명, 한국베어링 9명, 대한제분 4명,
인천중공업 6명, 이천전기 4명 등). 이들 중 일부는 지도자 훈련을 거
쳤고, 기도회뿐만 아니라 타직장 회원과의 교류, 피크닉과 하이킹, 강
좌 등을 통해 "회원 상호 간의 유대 조성과 각 공장과의 연결"을 시도
했다. 궁극적으로 이들이 교회, 공장의 각 영역에서 활동하게끔 지원
했고, 소비조합 운동 역시 준비했다. 게다가 노동자들에게 6개월 동안
신학교육을 받게 하며 사회조사 역시 연구할 수 있는 인력을 양성하

---

55 「감리교 도시 산업 선교의 발전과 현황」 1975. (출전: 민주화운동기념사업회 사료
관 오픈아카이브, 등록번호: 00444382)

는 보다 전문적인 '카프링' 모임 역시 운영했다. 11개 공장(인천중공업, 한국공업, 공작창, 이천전기, 한국기계, 대성목재, 부두노조, 동일방직, 한국베아링, 판유리, 흥한방적)에서 6개월 간 교육받은 노동자 11명이 양성됐다. 이들은 각 공장에서 3명 내지 5명의 소그룹을 유지하는 역할을 했고, 느헤미아 모임의 지도자 역할을 갖게 됐다.[56]

그렇지만 1972년을 전후로 산업선교는 용공시비에 휘말리게 됐다. 1972년 7월 인천 도시산업선교회의 총무 조승혁이 동일방직, 인천중공업, 인천베아링주식회사의 노사분규 배후조종 혐의로 중앙정보부에 연행되어 고문당하며 조사를 받게 됐다. 정부는 이 시기 산업선교에 대한 부정적인 여론이 형성됐다.[57] 용공시비는 "정부의 비호로 보다 정교하고 전략적으로 다듬어져 교계의 울타리를 넘어 한국사회 전체로 확산되었다.[58]" 그렇지만 활동가를 양성하는 프로그램은 여전히 운영됐다. 1972년 한 해 동안 25회의 노동자교육을 통해 1,075명의 노동자가 교육 받았다. 이전에 비해 현장(공장)이 줄어들었지만, 두 개의 공장(동일방직 등)에서 노동조합에 산선에서 훈련받은 노동자를 대거 진출하는데 성공했다. 뿐만 아니라 화수동의 노동자들의 거주 환경이 향상됐고, 선인재단이 도화동의 재개발 시도에 맞서는 과정에서 거주자들에 대한 지원을 시작했다.[59] 기존의 산업선교가 공장 내 노동자의 사정에 관심을 가졌다면, 이때 들어서는 지역과 노동자의 가족으로 활동 범주가 넓어진 것이다.

56 「인천 산업전도위원회 종합 보고서 1962. 9~66.12.31. (5년간)」 1967. 2. 1. (출전: 민주화운동기념사업회 사료관 오픈아카이브, 등록번호: 00343269)
57 한국기독교역사학회, 2009 『한국기독교의 역사 3』, 한국기독교역사연구소, 229쪽
58 장숙경, 2013 『산업선교, 그리고 70년대 노동운동』, 선인, 293쪽
59 「인천도시산업선교회 1972년 활동에 대한 대략적인 보고」 1972. 12. 30. (출전: 민주화운동기념사업회 사료관 오픈아카이브, 등록번호: 00442403)

또 1960년대의 계획에 비해 많이 축소된 규모지만, 1970년대 들어 "실무자 중심으로 계획하고 활동하던" 산업선교에서 벗어나 노동자들이 직접 "문제해결을 위한 계획과 그들 스스로의 활동"하게 하는 방식의 새로운 활동으로 전환한데 일정부분 성공했다고 볼 수 있다.[60] 도시산업선교회와 노동자들은 이제 고도경제성장 일변도의 정책에서 발생한 노동자들의 문제를 해소하며, 기업주를 비롯한 개별회사의 관계뿐만 아니라 정치, 경제, 사회적 제도에 의한 구조적인 것이라는 주장을 강화할 수 있는 굳건한 세력을 만드는 듯 보였다. 그렇지만 도시산업선교회의 활동은 1972년 유신, 계엄령 선포, 비상조치법, 긴급조치발동 등의 정치적 상황의 변화 과정에서 국가에 대한 위협으로 위치지어졌다. 여기서 단결권, 노동쟁의권, 단체교섭권의 복구를 시도했으나 노동자들의 해고와 수감, 실무자의 수감 등 탄압이 이뤄졌고, "지역 주민들은 일방적인 정부의 홍보활동에 의해 산업선교회를 두렵고 위험한 곳"으로 알게 되는 어려움이 생겼다.[61]

이러한 과정은 인천도시산업선교회의 활동은 소그룹을 중심으로 한 활동으로 변했다. 이 과정은 1973년과 1975년 사이 감리교는 인천도시산업선교회를 비롯한 도시산업선교회 전체의 재정비 과정을 통해서도 알 수 있다. 감리교는 도시산업선교회를 전국적으로 재편했고, 1개 지방에 1개의 지역위원회가 있고, 2개 지방위원회를 연합해 지구위원회라고 했다. 이때 지구위원회에는 실무자가 2~3명 있었다. 그리고 선교국산업위원회 산하에 중앙도시산업선교위원회를 조직했고, 각 지구위원회와 지역위원회의 문제를 교단의 중앙위원회가 입장에서 심의결정하

60 「감리교 도시 산업 선교의 발전과 현황」 1976년 추정 (출전: 민주화운동기념사업회 사료관 오픈아카이브, 등록번호 00445885)
61 「인천도시산업선교회 활동과정에 대하여」, 미상 (출전: 민주화운동기념사업회 사료관 오픈아카이브, 등록번호: 00443870)

게 했다.[62] 이 결과로 1973년에는 중부연회도시산업선교위원회(인천지

구위원회, 한남지역위원회, 경수도시산업선교위원회, 서울도시선교회),

동부연회도시산업선교회(동서울도시산업선교회, 탄광지대산업문제),

남부연회도시산업선교회(대전, 부산)[63]으로 조직을 재정비했다.

　1972년 이후 인천도시산업선교회는 이전과 달리 "개체 교회"와 같이

"흩어져" 활동하는 방법을 택한 셈이다. 이는 "초대교회 당시 예루살

렘에 모여 전도협의를 하고 활발하게 선교하던 사도들이 로마제국주

의의 강력한 핍박과 방해로 이방세계로 흩어져 개체 교회 중심 선교

활동이 전개된 것처럼 우리 역시 흩어져서 공장과 지역 중심 조직활

동으로 선교활동"을 하는 일환이기도 했다.[64] 1976년 당시 도시 산업

선교의 실무자는 총 46명이었다. 실무자들은 각 지역 위원회에서 일

정기간 훈련을 받고 일하는 성직자, 혹은 교단이나 지역위원회가 인

정한 전임실무자로써 도시산업선교에 직접 참여하고 일하는 사람을

말했다. 여기서 인천 지역은 7명의 산업선교실무자, 1명의 도시선교실

무자으로, 서울의 총 25명에 이어 두 번째로 많은 실무자 수를 보여준

다.[65] 그렇지만 1960년대 말, 커프링 모임으로 만들어진 지도자급 노

62　감리교 중앙위원회는 1) 도시산업선교에 관한 신학 및 정책 연구를 해 그 방향을
　　제시하며, 2) 도시산업선교사업에 관한 협의회 및 훈련(실무자 및 목회자)을 실시
　　하며, 3) 도시산업사회에 대한 제문제를 조사연구해 각 일선 실무자들에게 자료를
　　제공하고, 문제해결을 위한 교단적 이해를 촉구하는 전문적이고 합리적인 선교활
　　동을 하는 것, 4) 국내외 도시산업사회에 관한 자료를 수집정리해 산업에 관한 정
　　보를 제공하고 각종 문서활동을 통해 일선 사업활동을 직간접적으로 지원하며, 5)
　　타교단 및 국제적 교회들과 깊은 유대를 갖고 세계 교회들의 선교적 동행을 참작
　　해 선교정책을 수립하며 협력하는 것을 목표로 했다. "감리교단적인 도시산업선교
　　정책에 관한 계획", 1973 (출전: 민주화운동기념사업회 사료관 오픈아카이브, 등록
　　번호: 00101751)
63　「감리교단적인 도시산업선교 정책에 관한 계획」 1973. (출전: 민주화운동기념사업
　　회 사료관 오픈아카이브, 등록번호: 00101751)
64　「감리교 도시 산업 선교의 발전과 현황」 1976. (출전: 민주화운동기념사업회 사료
　　관 오픈아카이브, 등록번호: 00444382)

동자가 10명이란 점을 고려한다면, 도시산업선교회 활동이 위축되었음을 추정할 수 있다.

인력의 재편은 각 지역마다 노동자 소그룹을 조직화하는 목표를 가졌다. 특히 노동자 출신 노동운동가(최영희, 김근태, 이창식, 황영환, 유동우 등)가 참여해 실무자의 역할을 했다. 이때의 산업선교회는 "노동운동, 이념지향적, 투쟁노선"을 선호했다고 볼 수도 있다.[66] 이러한 소그룹화는 노동자를 지원하며 노동조합의 구성과 노동조합의 활동에 영향을 미쳤다. 소그룹의 활동은 일상생활을 공유하는 수준이었고, 노동자들과 친밀해지는 과정이었다. 김광자는 산업선교회와의 접속 과정을 다음과 같이 말한다. "어느 날, 회사 옆 반 애가 인천산업선교회라는 곳에 가자고 하더라고요. 공부도 가르쳐주고, 교양강좌도 듣고, 다른 회사 사람들 만나서 세상 돌아가는 이야기도 들을 수 있다고. 저는 초등학교 밖에 안나와서 그런지 무얼 배운다는 걸 그렇게 좋아했어요. 가니까 진짜 여러 가지 많이 가르치더라고요. 마요네즈 만드는 법도 배우고, 꽃꽂이도 배우고, 좋았어요. 태어나서 제일 재미있는 일이 산선 가서 노는 거였다니까요."[67] 인천도시산업선교회에서의 활동은 회사의 기숙사로 이어졌다. 유경순은 "소그룹 형식으로 … 클럽 활동을 하는데 거기서 교회 목사님한테 강의도 듣고 실무자들한테 교육을 받아요. 내용은 주로 '노동자들이 인간답게 살려면 어떻게 해야 하는가' 그런 거였고, 그리고 돌아오면 기숙사에서 노동조합에 대해 이야기 많이 하고 했"다고 밝힌다.[68]

65 조승혁, 1981 『도시산업선교의 인식』, 민중사, 94쪽

66 권진관, 2006 「1970년대 산업선교 활동과 특징」『1960~70년대 노동자의 작업장 문화와 정체성』, 한울, 222쪽

67 「우리가 한 일도 큰일인가요? – 김광자 이야기」 2016. 2. 29. (출전: 민주화운동기념사업회 사료관 오픈아카이브)

산업선교의 영역은 해외교회가 적극적인 관심을 갖고 모니터링하고 지원하고 있었기에 정부가 해외의 이목을 의식하지 않을 수 없었고, 산업선교라는 영역은 기독교 내부에서 국가권력과 반공 이데올로기적인 탄압에 어느 정도 저항할 수 있는 보호막이었다.[69] 그렇지만 동일방직사건(1978)과 YH사건은 인천도시산업선교회의 뛰어난 성과임과 동시에 기독교도시산업선교회가 어려워지게 되는 계기이기도 했다. "조화순이 긴급조치 9호와 집회시위에 관한 법률위반을 적용하여 3년형을 받고 구속됐고, 행정관청, 경찰, 중앙정보부의 감시"와 "교단과의 문제"가 발생했고, "79년 8월 각일간 신문(각 일간신문), 라디오, 텔리비죤(텔레비전) 등에 산업 선교회는 불순세력이니 용공"이라는 보도가 이어졌다.[70] 이후 노동자와 실무자가 함께 옥고를 지루며, 활동이 철저히 탄압받는 가장 큰 시련의 시기였다. 특히 산업선교회 건물에서조차 노동자 집회가 거의 불가능했고, 노동자와 만나기 위해서는 은밀히 밖으로 돌아다녀야 했다.[71] "교회 간의 의견 차이, 산업선교를 헐뜯는 문서의 유포"가 이어졌고, 과거와 달리 공장을 운영하는 "기업주"의 거부반응으로 인해 공장을 기반으로 하는 산업선교의 사정이 더욱 어려워졌다.[72]

68 유경순, 2005 「농민의 딸, 방직 공장 여성 노동자가 되다」 『내일을 여는 역사』 20, 내일을 여는 역사, 209쪽

69 권진관, 2006 앞의 책, 217쪽

70 「기독교도시산업선교회(인천) 79년도 활동보고서」 1979. (출전: 민주화운동기념사업회 사료관 오픈아카이브, 등록번호: 00441939)

71 「인천도시산업선교회 활동과정에 대하여」, 미상 (출전: 민주화운동기념사업회 사료관 오픈아카이브, 등록번호: 00443870)

72 「기독교도시산업선교회(인천) 79년도 활동보고서」 1979. (출전: 민주화운동기념사업회 사료관 오픈아카이브, 등록번호: 00441939)

3) 사회선교로의 본격적인 전환

1970년대 후반부터 인천도시산업선교회는 활동이 위축된 상황을 돌파하기 위해 지역사회에서의 활동을 넓혔다. 지역사회 활동의 기반은 노동자들을 연대하게끔 한 신우신용조합의 사례였다. 인천도시산업선교회는 1970년 7월 3일, 참여 중인 노동자들을 대상으로 신우신용협동조합을 처음 조직했고,[73] 신협은 "규칙적인 저축을 장려하고 비축과 생산을 목적으로 노동자에게 저이자로 융자해"주는 신용기관의 역할을 했다. 신협과 같은 지역을 기반으로 하는 활동은 공장 중심의 운동과는 다른 면모를 지녔다. 이전처럼 직접 현장에서의 조직화를 시도하기 어려운 상황에서, 인천도시산업선교회는 노동자들의 경제적 어려움을 해소하는 신협을 지역사회로 확장했고, 신협가입자들을 통해 동일방직 복직자를 위한 유인물과 단식농성 실시, 기타 결의문과 호소문, 성명문 작성과 같은 활동을 이어나갔다. 여기에는 1970년대 형성한 동일방직 등의 민주노조들이 자생력을 갖춰 독자적인 운동을 할 수 있었기 때문이라고도 볼 수 있다.[74]

1980년대 인천도시산업선교회는 1970년부터 지속해 온 '산우신용협동조합'을 기반으로 함께 1980년 민들레 선교원(민들레 어린이집)과 1981년 민들레협동조합(민들레의료협동조합)을 조직했고, 지역사회의 빈민운동에 집중했다. 이는 공장을 기반으로 노동자를 연결하는 방식에서 지역과 가족을 매개로 노동자를 연결하고 지원하는 방식으로의 변화였고, 더 나아가 주민사업, 조합원, 부모교육을 토대로 하는 생활

---

73 「산우신용협동조합 창립 1주년 기념식」 1971. 7. 1. (출전: 민주화운동기념사업회 사료관 오픈아카이브, 등록번호: 00447175)

74 권진관, 2006 앞의 책, 230쪽

공동체를 형성한 것이었다. 1980년대 인천도시산업선교회의 활동은
교회를 중심으로 지역사회를 대상으로 한 사업에 집중되었다는 점은
명백하다.

　그도 그럴 것이 여기에는 만석동 내부의 변화도 영향이 있었다. "만
석동은 불량 주택의 밀집과 인구의 조밀도가 인천시에서 으뜸으로 꼽
는" 곳이며, "동행정상에도 이 오래되고 노후한 불량지역의 처리문제
로 상당한 어려움"이 있었다. 만석동 주민들의 직업은 "바닷가에 살기
때문에 서울보다는 일거리가 많고, 또 일터가 가깝다고 할 수 있다.
이들의 생업은 철에 따라 굴 따기라든가 부두 하역작업"이며, 여성들
은 "바닷가로 나가서 굴을 따는" 사람들이 많았다. "불량주택"에 살며,
일거리가 많은 지역이었다. 그래서 대체로 서울의 빈민가에 비해 소득
수준이 높았지만,[75] 아이들과 노동자의 건강에 계속해서 문제가 발생
하는 지역이기도 했다. 더 큰 문제는 만석동의 인구 감소였다. 1980년
대 들어 만석동의 인구가 줄어들기 시작했다. 전후 만석동에 정착했던
피난민과 이농민 중 더러 돈을 모은 사람들과 1950~1960년대 만석동
에서 태어나 1980년대 청년기를 맞은 사람들이 더 나은 생활환경과
더 나은 일자리를 찾아 만석동을 떠났다. 1966년 16,373명에서 1975년
17,024명으로 증가했던 인구가 1980년 13,097명, 1990년 9,657명으로 급

---

75 "오래된 아파트 형식의 창고와 같은 이층집이 쭉 붙어 있는데 이러한 큰 건물이
　　계속 몇 채가 있고, 그 사이사이에 통로라고 할 수 있는 좁은 길이 나였다. 또 어
　　느 지역은 이층으로 된 건물 사이에 통로가 나 있어 그 통로는 대낮에도 불을 밝
　　혀야 할 만큼 캄캄한 곳도 있다. 이렇게 길에 연해서 방이 계속 있기 때문에 그들
　　의 생활은 상당히 개방적인 것 같다. 이웃집과의 사이는 벽 하나로 막혀 있고 방
　　문을 나서면 곧 부엌과 통로가 되므로 개인 집에 대한 '프라이버시'는 거의 없다고
　　할 수 있다. 그러므로 길을 지나면서 약간만 눈을 돌리면 그 집 속에 있는 가구며
　　생활형편을 대강은 짐작할 수 있을 정도"의 장소였다. 이효재·이동원, 1972 『都市
　　貧民 家族問題 및 家族計劃에 關한 硏究』, 이화여자대학교 문리대학 부설 여성자
　　원개발연구소, 13쪽

감했다.[76] 도시산업선교회의 만석동 활동은 남아있는 간난한 사람들을 위한 활동에 집중해갔다.

민들레 어린이 선교원의 운영은 인천도시산업선교회의 운영방향이 변화했음을 잘 보여준다. 노동자의 유입과 조직 활동이 어려운 상황에서 관심의 대상을 지역사회로 이동한 것으로 볼 수 있다.[77] 1980년부터는 어린이선교원 사업과 지역의료사업이 시작되었고, 교회를 중심으로 한 연구회와 훈련이 실시됐다.[78] 민들레 선교원(민들레 어린이집)은 1980년 9월에 개원했고, 개원 당시에는 20여 명이 등록했지만, 9개월 만에 40명으로 그 인원이 두 배가 늘었다. 원생은 2세부터 6세까지 있었고, 학부모들은 지역의 노동자였다. 아이들은 한 달 기준으로 이용했는데, 급한 경우 일일탁아도 가능했다.[79] 탁아소 학부모들의 경우 아버지 38명 가운데 37명, 어머니 38명 가운데 28명이 일을 했고, 이러한 상황은 인천도시산업선교회가 탁아소를 운영할 충분한 이유가 됐다. 주민들의 입장에서도 도시산업선교회의 서비스를 이용할 수 있다는 이점이 있었다.

또한 민들레(의료)협동조합은 당시 빈민운동에서 시도했던 신협을 통한 경제적 돌봄, 육아를 통한 돌봄, 의료협동조합을 통한 건강의 돌봄을 통해 지역 내 생활의 안정을 꾀한 중요한 시도였다. 이들은 "병이 생기면 시초에 부담없이 치료받고, 기회가 닿는 대로 건강에 대해서 공부하고, 또 적은 돈이나마 같이 보태서 나중에 생길지도 모를 일을

76 국가통계포털
77 「민들레 어린이 선교원 생활보고[1981년 1월에서 7월까지]」, 1981. (출전: 민주화운동기념사업회 사료관 오픈아카이브, 등록번호: 00443090)
78 「(조화순) 인천도시산업선교회 활동과정에 대하여」 미상 (출전: 민주화운동기념사업회 사료관 오픈아카이브, 등록번호: 00443870)
79 「민들레 어린이 선교원 생활보고[1981년 1월에서 7월까지]」, 1981. (출전: 민주화운동기념사업회 사료관 오픈아카이브, 등록번호: 00443090)

대비하는 여러 일들을 통해서 동네의 걱정과 즐거움을 같이 나누는 작은 모임"이었다. 1982년 11월을 기준으로 민들레협동조합은 7개 지역[80]으로 나누어 구분됐고, 총 267세대가 조합원이었다.[81] 어린이집에 아이가 다니는 가족들 대부분이 의료사업 회원으로 가입해 값싼 비용으로 일반 진료와 치과를 받을 수 있었다. 뿐만 아니라 아이들은 모두 신협에 돈을 저금하는 조합원이었고, 가족들 역시 긴급대부를 이용할 수도 있었다.[82] 신우협동조합과 민들레어린이집과 민들레협동조합은 서로 연결되어 있는 하나의 작은 연대체였다.

맺음말

조화순은 1981년 인천도시산업선교회의 활동 과정을 다섯 단계로 나눴다. 첫째 단계는 1961년에서 1966년 사이 실무자가 직접 공장에서 노동하며 교회와 노동자와의 관계, 산업사회에서의 복음 내용, 교회와 크리스천의 책임에 대해 노동자와 함께 일하며 살면서 산업사회를 배우는 실무자 훈련 중심의 활동. 둘째, 1967년부터 1970년 사이로, 앞 단계에서 얻은 노동훈련과 인간관계를 바탕으로 노동자의 문제를 중심으로 활동했다. 특히 실무자가 각 공장을 선교지로 삼아 전도활동

---

80 지역은 다음과 같이 구분됐다: 가-화평동, 화수1동 1~4통, 나-화수1동 5~14통, 다-화수2동 1통~7통, 라-화수2동 8~14통, 마-만석동 1~10통, 바-만석동 11~19통, 사-북성동 및 기타지역. (「민들레협동조합상반기보고서」 1982. 출전: 민주화운동기념사업회 사료관 오픈아카이브, 등록번호: 00443166)

81 「민들레 회보 12월호」 1982. (출전: 민주화운동기념사업회 사료관 오픈아카이브, 등록번호 00443188)

82 「민들레 어린이 선교원 생활보고[1981년 1월에서 7월까지]」, 1981. (출전: 민주화운동기념사업회 사료관 오픈아카이브, 등록번호: 00443090)

을 했고, 개인상담과 근로조건 개선을 위한 공장 목회활동이었다. 셋째 단계는 1971년에서 1977년으로 노동자들의 문제가 기업주를 비롯한 개별회사의 관계뿐만 아니라 정치, 경제, 사회적 제도에 의한 구조적인 것임을 인식하게 하고, 노동자의 인권회복을 위해 구조에 개입하려 시도한 시기였다. 즉, 고도경제성장 일변도의 정책에 대항하며 단결권, 노동쟁의권, 단체교섭권의 복구를 시도했다. 그러나 노동자들의 해고와 수감, 실무자의 수감 등 탄압이 이뤄졌고, "지역 주민들은 일방적인 정부의 홍보활동에 의해 산업선교회를 두렵고 위험한 곳으로 알고 있었다." 소수의 지역주민만이 신용협동조합에 참여했다. 넷째 단계는 1978년부터 1980년 상반기까지로, '동일방직사건'(1978년)이 전환점이었고, 노동자와 실무자가 함께 옥고를 지루며, 활동이 철저히 탄압받는 가장 큰 시련의 시기였다. 특히 산업선교회 건물에서조차 노동자 집회가 거의 불가능했고, 노동자와 만나기 위해서는 은밀히 밖으로 돌아다녀야 했다. 마지막 단계는 1980년 7월 이후, 어린이선교원 사업과 지역의료사업이 시작되어 산업선교회 활동이 확장된 시기였다.[83]

그러나 조화순의 단계 구분은 인천도시산업선교회의 활동을 축소와 위축의 과정으로 검토한다. 반면에 임희모의 구분은 산업선교의 확장 과정을 제시한다. 그는 산업선교를 초기와 중기, 후기로 구분하는데, 초기는 1957년에서 1971년 사이로 개인전도 차원에서 목사를 중심으로 한 목회 전도(1957~1966년)와 실무자가 중심이 되어 지역 중심 조직화(직장복음화)로 나뉜다. 중기는(1971~1983년)으로 노동자의 의식화, 인권 옹호, 노동 복지를 위한 선교운동이며, 후기(1983년 이후)

---

83 「(조화순) 인천도시산업선교회 활동과정에 대하여」 미상 (출전: 민주화운동기념사업회 사료관 오픈아카이브, 등록번호: 00443870)

는 노동문제 상담, 산업질서 확립과 산업사회의 민주화 및 외국인 노동자의 인권 옹호로 특징지을 수 있다[84]. 이러한 변화는 산업선교과 노동현장에서, 지역현장으로, 이후에는 민주화와 이주민 노동자의 현장으로 변화하는 과정을 고스란히 반영한다. 즉, 우리 사회에서 인천도시산업선교회의 변화란 노동운동의 장소가 공장뿐만 아니라 지역으로 확장될 수 있으며, 노동운동의 당사자가 여공에서 노동자의 가족, 또한 이주민 노동자로 확장될 수 있다는 점을 이해할 수 있게 한다.[85]

1968년, 조승혁은 1960년대 산업선교의 시작을 두고, 노동자를 동정하는 입장에서 노동자 속에 들어가서 그들의 현실을 보아야 한다는 문제의식으로 "그들과 같이 선다(go thous with the people)"는 자세라고 말했다. 이때 산업선교는 "의식화를 통한 조직화", "노동자운동을 조직화해서 사회세력화" 하는 것을 목표로 했다. 그렇지만 연이어 발생한 정부의 견제와 음해로 도시산업선교회의 산업선교가 "정치질서에 대한 도전"이라는 사회인식이 발생했다.[86] 즉, 구성원에 대한 직접적인 제재와 산업선교에 대한 용공이라는 혐의는 인천도시산업선교회 전환의 기점이었으며, 여기서 도시산업선교회가 노동운동에서 지역주민을 대상으로 한 지역운동으로 전환할 수밖에 없었다. 이에 대해 빈민운동의 경우 구조를 개혁하기 위한 실천성이 떨어지며, 빈민공간의 소멸과 거주자의 이동과 함께 사라지는 한계를 그대로 답습했다는 비판 역시 존재한다. 그렇지만, "노동자 속에서 그들의 현실을 보면서" "그들과 함께 살면서" "그들의 현실"을 마주했던 지역기반의 빈민운동

84 임희모, 2008 「산업선교에 있어서 한국교회 현장의 변화와 전망」『총회 도시산업선교 50주년기념 심포지엄』, 대한예수교장로회 총회 국내선교부, 81~82쪽
85 민주화 이후의 노동운동의 변화는 이 글에서 직접 다루지 않았다.
86 김윤환·박현채·안병무·이문영·이병태·조승혁·탁희준, 1978 「노동운동과 산업선교」『신학사상』23, 한신대학교 신학사상연구소, 736~737쪽

을 밋밋하게 정리해서는 안 된다.

즉, 인천도시산업선교회를 노동운동의 영역뿐만 아니라 도시빈민운동의 일환으로 고려한다면, 1978년 '동일방직 노동조합 탄압 사건' 이후 '반 산선 공세'의 정점 이후 인천도시산업선교회의 변화를 달리 볼 여지가 생긴다. 특히, 조직화에서 돌봄, 경제, 문화/교육으로의 분절화는 당시 노동운동의 어려움을 보여주지만, 동시에 인천사람들의 희망과 도시인천의 저항성과 민주성을 드러낸다.

이 글은 인천의 도시산업선교를 감리교의 인천도시산업선교회의 활동으로 국한하는 한계가 가장 크다. 이 글에서 상세히 다루지 않는 기독교장로회의 동인천 산업선교센타 역시 동시대에 도시선교의 일환으로 이뤄졌던 바를 추가적으로 제시해야 할 필요가 있다. 인천도시산업선교회의 활동 지역을 만석동, 화수동으로 제한하는 설명들도 있다. 인천도시산업선교회의 활동은 용현동, 학익동, 그리고 부평과 주안까지 이뤄진 바 있다. 즉, 만석동이라는 지역을 넘어서 인천의 산업단지 전역에서의 활동까지 검토할 필요 역시 있다. 다음으로 민주화운동 이후 인천도시산업선교회의 활동영역의 확장에 대한 검토가 추가된다면 인천과 인천 사람들의 생생한 역사를 다시 쓸 수 있을 것이다.

참고문헌

『경향신문』『기호일보』『매일신보』『인천일보』『조선중앙일보』『전자신문』
『한겨레』

「감리교단적인 도시산업선교 정책에 관한 계획」 1973. (민주화운동기념사업회
　　　사료관 오픈아카이브, 등록번호: 00101751)
「감리교 도시 산업 선교의 발전과 현황」, 1976년 추정. (민주화운동기념사업회
　　　사료관 오픈아카이브, 등록번호 00445885)
「공장에서의 증거」 1964. 3. (민주화운동기념사업회 사료관 오픈아카이브, 등록
　　　번호: 00443633)
「기독교도시산업선교회(인천) 79년도 활동보고서」 1979. (민주화운동기념사업회
　　　사료관 오픈아카이브, 등록번호: 00441939)
「민들레 어린이 선교원 생활보고[1981년 1월에서 7월까지]」, 1981. (민주화운동
　　　기념사업회 사료관 오픈아카이브, 등록번호: 00443090)
「민들레 회보 12월호」 1982. (민주화운동기념사업회 사료관 오픈아카이브, 등록
　　　번호 00443188)
「산업전도실습보고[인천도시산업선교회-한국기계공업]」, 1964. 2. (민주화운동
　　　기념사업회 사료관 오픈아카이브, 등록번호: 00441161)
「산업전도 제2차년도 보고서(1962.10~1963.10)」 1962. 10. (민주화운동기념사업
　　　회 사료관 오픈아카이브, 등록번호: 00441818)
「여공들의 세계를 보고」, 1964. 3. (민주화운동기념사업회 사료관 오픈아카이브,
　　　등록번호: 00444482)
「인천도시산업선교회 1972년 활동에 대한 대략적인 보고」, 1972. 12. 30. (민주
　　　화운동기념사업회 사료관 오픈아카이브, 등록번호: 00442403)
「인천도시산업선교회 활동과정에 대하여」, 미상. (민주화운동기념사업회 사료
　　　관 오픈아카이브, 등록번호: 00443870)
「인천 산업전도위원회 종합 보고서 1962. 9~66.12.31. (5년간)」, 1967. 2. 1. (민주
　　　화운동기념사업회 사료관 오픈아카이브, 등록번호: 00343269)
「(조화순) 인천도시산업선교회 활동과정에 대하여」 미상. (민주화운동기념사업

회 사료관 오픈아카이브, 등록번호: 00443870)

구해근, 2002 『한국노동계급의 형성』, 창작과비평사
국립민속박물관, 2018 『인천 공단과 노동자들의 생활문화』, 국립민속박물관
김원, 2005 『여공 1970, 그녀들의 반 역사』, 이매진
수도국산달동네박물관, 2021 『인천의 산업 거점 만석동』, 수도국산달동네박물관
이마이 이노스케, 2007 『인천향토자료조사사항 상』, 인천대학교 인천학연구원
이효재·이동원, 1972 『都市貧民 家族問題 및 家族計劃에 關한 硏究』, 이화여자
    대학교 문리대학 부설 여성자원개발연구소 (이화여자대학교 도서관)
인천광역시 동구, 2020 『인천의 산업 거점 만석동』, 인천광역시 동구
인천시사편찬위원회, 1993 『인천시사』, 인천광역시
장숙경, 2013 『산업선교, 그리고 70년대 노동운동』, 선인
조승혁, 1981 『도시산업선교의 인식』, 민중사
한국기독교역사학회, 2009 『한국기독교의 역사 3』, 한국기독교역사연구소

권진관, 2006 「1970년대 산업선교 활동과 특징」 『1960~70년대 노동자의 작업장
    문화와 정체성』, 한울
김귀옥, 2003 「해방직후 월남민의 서울 정착」 『典農史論』 9, 서울시립대학교 국
    사학과
김보영, 2011 「분단과 전쟁의 유산, 남북 이산(분단 디아스포라)의 역사」 『역사
    학보』 212, 역사학회
김윤환·박현채·안병무·이문영·이병태·조승혁·탁희준, 1978 「노동운동과
    산업선교」 『신학사상』 23, 한신대학교 신학사상연구소
김원, 2004 「1970년대 민주노조와 교회단체: 도시산업선교회와 지오세 담론의
    형성과 모순」 『산업노동연구』 10-1, 한국산업노동학회
남지현·장회숙, 2014 「인천 정미업을 중심으로 한 산업유산군의 형성에 관한
    연구」 『건축역사연구』 23-2, 건축역사학회
류제헌 외, 2010 「인천시 아이덴티티 형성의 인구·문화적 요인」 『인천학연구』
    13, 인천대학교 인천연구원
유경순, 2005 「농민의 딸, 방직 공장 여성 노동자가 되다」 『내일을 여는 역사』 20,

내일을 여는 역사

이상록, 2015「1960~1970년대 조지 오글 목사의 도시산업선교 활동과 산업 민주주의 구상」『사이間SAI』19, 국제한국문학문화학회

이세영, 2017「해방~한국전쟁기 인천 지역 월남민의 정착과 네트워크 형성」『동방학지I』180, 연세대학교 국학연구원

이임하, 2008「한국전쟁기 유엔민간원조사령부의 인구조사와 통제」『사림』33, 수선사학회

이현주, 2005「해방후 인천지역의 戰災同胞 귀환과 사회변화」『인천학연구』4, 인천대학교 인천연구원

임희모, 2008「산업선교에 있어서 한국교회 현장의 변화와 전망」『총회 도시산업선교 50주년기념 심포지엄』, 대한예수교장로회 총회 국내선교부

정병준, 2007「예장산업선교 50년사」『총회 도시산업선교 50주년 농민목회자협의회 20주년 기념 총회 도시농어촌 선교대회 자료집』, 대한예수교장로회 총회 국내선교부

정안기, 2020「1940년대 기업정비 3대 업종의 연구」『경영사학』35-2, 경영사학회

최상윤, 2005「평생 배를 만들었던 인천토박이 – 목수 최상윤의 삶」『20세기 한국민중의 구술자서전 – 어민편: 짠물, 단물』, 소화